大展好書　好書大展
品嘗好書　冠群可期

大展好書　好書大展
品嘗好書　冠群可期

少林功夫⑱

少林武術基本功

徐勤燕
釋德虔 編著

大展出版社有限公司

作者簡介

徐勤燕　女，生於1962年，原籍山東郟城。自幼從父徐祇法（法名素法）學練少林武術，於1982年春到少林寺拜素喜和尚爲師，賜法名德炎。在少林寺學武多年，擅長少林看家拳、螳螂拳和十八般武藝。不僅武功卓著，而且文筆亦佳，十年來共著有《少林功夫辭典》《少林羅漢拳》《少林劍術秘傳》等三十餘部少林武術專著，總計350萬字，發行到世界48個國家和地區，爲弘揚少林武術和促進中外文化體育交流作出了貢獻。

德炎大師先後應邀赴新加坡、馬來西亞、俄羅斯、日本等國家訪問教學，受到國際武術界高度好評。現任少林寺國際武術學院院長、登封市少林少年軍校校長兼政治委員、國際少林拳聯合總會副秘書長等職。

少林
武術基本功

釋德虔 俗名王長青，男，生於 1943 年，原籍河南省登封市大金店鎮王上村。自幼皈依少林寺，拜素喜和尚爲師，賜法名德虔。跟恩師專習少林武術六年，又跟少林高僧德禪學習中醫、針灸、氣功等，跟永祥和尚學練達摩易筋經、八段錦、七十二藝、點穴、擒拿、硬氣功等。1960 年寧夏中醫學校畢業，當年應征入伍，先後在新疆軍區工二師十四團和伊利地區行醫。1980 年返回少林寺，從事武術研究工作。

1982 年得到永祥和尚在少林寺火焚前復抄的《少林拳譜》四十八卷，開始從事少林武術的挖掘整理工作。二十年來撰寫了《少林拳術秘傳》《少林十八般武藝》《少林武術精華》《少林百科全書》《少林氣功秘集》等 70 多部少林武術專著，總計 1800 多萬字，發行到世界 82 個國家和地區，被譽爲「少林書王」。1992 年榮獲全國武術挖掘整理優秀成果獎。

德虔法師 1990～2004 年先後應邀赴美國、日本、紐西蘭、俄羅斯、加拿大等 41 個國家和地區

訪問講學，中外弟子多達八千人，可謂桃李滿天下。現任中國武術學會委員、國際少林易筋經學會會長、國際少林聯合會顧問團團長、少林寺國際武術學院常務院長等職。

前　言

　　少林武術起源於中國河南省嵩山少林寺，距今有一千五百多年的歷史，可謂源遠流長，馳名中外。

　　少林武術是少林寺僧和俗家弟子長期艱苦磨練的結晶，具有樸實無華、進退一線、曲而不曲、直而不直、滾出滾入、重在實戰等特點，是我國最早最大的民間武術流派之一。久練不僅可強身健體、袪病延年，還可陶冶性情、磨練意志；不僅有自衛護身和懲罰歹徒的實際作用，還能從中得到人體美的藝術享受。

　　早在唐代，少林武術就開始傳向日本、朝鮮、越南、泰國、緬甸等國家和地區。新中國成立後，少林武術得到了空前未有的大發展。據統計，目前全世界已有六十多個國家約三千多萬人練習少林武術。正可謂：少林拳花開九州，少林弟子遍世界。

　　近幾年來，國內外同門和廣大少林武術愛好者紛紛來電來函，要求編寫一套通俗易懂、易於推廣的少林傳統武術教材。爲了滿足他們的要求，更廣泛地普及和推廣少林傳統武術，我們在人民體育出

版社的幫助下，根據珍藏少林拳械秘本和當今實際教學經驗，編寫了這套「少林傳統武術普及教材」。

　　本教材共分爲八冊：《少林武術理論》《少林武術基本功》《少林拳》《少林棍》《少林常用器械》《少林稀有器械》《少林拳對練》《少林器械對練》。前兩冊是對少林武術的内容、常用術語、教學訓練、基本功夫、基本技法的介紹和概論；後六冊則是從《少林拳譜》的 576 個套路中精選出52 個優秀傳統套路，分別對各動作圖附文加以說明。

　　本教材適宜國内外各武術館校、輔導站等習武場所的學員和教練員應用，並可供中小學體育教師和公安、武警工作者參考。

　　由於水平所限，書中錯誤難免，敬請讀者批評指正，以利再版時修訂。

　　本書在編寫和出版過程中，得到青年武師姜健民、陳俊鎧、張軍偉、章順亮等大力支持，得到人民體育出版社叢明禮、駱勤方、范孫操等熱情幫助，在此一併致謝。

編著者

於少林寺

少林
武術基本功

目　錄

第一章　武術基本功

　　基本功是學練武術各種功夫的基礎，也是練好各種功夫的基本條件，特別對初學武術者更為重要。民間武師把基本功稱為功底，如果一名習武者的功底差或者說功底不好，他就什麼也練不好，更談不上成功。由此可見，武術基本功對習武者來說是十分重要的。所以又說「功底是百拳百械之母」。

　　基本功練習可分為肩部、腿部、腰部功夫之練習，此乃練拳術和器械必備的素質條件。

第一節　肩部功夫

歌訣：

　　練武肩功列為首，增強關節韌帶柔。
　　加大關節八方活，發達臂力雄赳赳。
　　提高手臂動敏捷，鬆長轉環堅靈柔。
　　壓肩轉肩雙繞環，掄臂俯撐刻心頭。
　　四季練功晨為好，苦練一年功可有。

少林武術基本功

肩部功夫，指肩臂功法，主要是鍛鍊和增強肩關節韌帶的柔韌性，加大肩關節的活動範圍，增強及發展肩臂部的力量。透過練習，逐漸達到提高上肢運動的敏捷、鬆長、環轉等功能。主要練習壓肩、轉肩、繞環和俯臥撐。

一、壓　肩

（1）預備勢：

練習者面對肋木或有適當高度的物體（竹竿或木棒）站立，兩足分開，與肩同寬。

（2）動作說明：

兩手向上、向前抓握肋木，上體前俯，挺胸塌腰，收髖，連續做下振壓肩動作（圖1）。亦可兩人對面站立（兩足間距如肩寬），互相伸臂扶壓對方肩部，同時向下振壓肩，挺胸、塌腰、收髖。

圖1

圖2　　　　　　　　圖3

（3）動作要求：

練習者的兩臂兩腿要伸直，下振幅度應逐漸加大，壓點集中於肩部，增加力要由小到大。

二、握棍轉肩

（1）預備勢：

開步站立，身胸挺直，兩手正握小棍，兩臂下垂於腹前，兩手間距一尺八寸至二尺。目視兩手（圖2）。

（2）動作說明：

兩臂以肩關節為軸，兩手握棍由身前經頭上繞至背後（圖3）。

圖4

圖5

　　接上動作，兩手握棍由背後經頭頂再繞至腹
前（圖4）。

　　（3）動作要求：

　　兩臂始終伸直，兩手握棍的間距不變。

三、俯　撐

　　（1）預備勢：

　　練習者上體前俯，兩手直臂扶地，臂距與肩
同寬，兩腿併攏伸直，兩腳的前腳掌著地（圖
5）。

圖 6

圖 7

（2）動作說明：

接上動作，臀部向斜上凸起（圖6），上體向前、向後反覆移動。

接上動作，兩臂屈肘，上體由後向下、向前移動（圖7），移動幅度適中，至兩臂伸直為度，然後再從前向上、向後緩緩移動還原。

（3）動作要求：

兩腿始終伸直，不得彎曲，上體貼地面前移。初練時應慢些，可逐步加快。

圖8

圖9

四、繞　環

1. 單臂繞環

（1）預備勢：

兩腿成左弓步站立，左手放於左側，右臂上舉（伸掌）於頭右側（圖8）。

（2）動作說明：

右臂以肩關節為軸，由右上方向後繞環（圖9）。

圖 10

圖 11

　　接上動作，右臂由後下方向前方繼續繞環，然後再依上法向相反方向繞臂（圖10）。

　　（3）動作要求：

　　左臂要自然、沉肩，右臂要伸直、放鬆，畫弧環繞要自然，要圓。

　　2.雙臂繞環

　　（1）預備勢：兩腳併立，距離與肩同寬，左臂下垂於左大腿外側，右臂上舉，並貼右耳側。目視前方（圖11）。

圖 12

圖 13

少林武術基本功

（2）動作說明：

左臂以左肩關節為軸，由左側下方向前繞
環；右臂以右肩關節為軸，由右上方向後繞環
（圖 12）。

接上動作，右臂由後方向下方再向前繞環，同
時左臂由左側前方向左上方往後繞環（圖 13）。

（3）動作要求：

兩臂向上掄臂繞環時要貼近耳部，向下掄臂

圖 14

圖 15

繞環時要貼近大腿外側。

3. 雙臂交叉繞環

（1）預備勢：

兩足成併步站立，足距與肩同寬，兩手直臂
向上高舉（圖14）。

（2）動作說明：

兩臂以左右肩關節為軸，左臂由上向下向
左，同時右臂由上向右繞環（圖15）。

圖16

接上動作，左臂繼續向下緊貼左腿外側往後繞環，右臂也繼續向下貼右大腿外側向前繞環（圖16）。

（3）動作要求：

兩臂向前繞環時必須以肩關節為軸，向上繞環時要貼耳側，向下繞環時要貼大腿外側。

4.仆地掄拍

（1）預備勢：

兩足成大開步站立，兩臂屈肘，掌端腰間。

（2）動作說明：

以兩腳為軸，體向左轉90度，左腿屈膝，右腿蹬直，使兩腿成左弓步，同時右臂由腰間向左

圖 17

圖 18

前方伸出，掌心向裏，掌指向前；右掌插於右臂
肘關節處，掌心向裏，掌指向下（圖 17）。

　　接上動作，以兩腳為軸，體向右轉 180 度，
使兩腿變成右弓步。同時，右臂伸直向上、向右
掄臂畫弧至右上方，左掌隨身掄臂畫弧向左下方
（圖 18）。

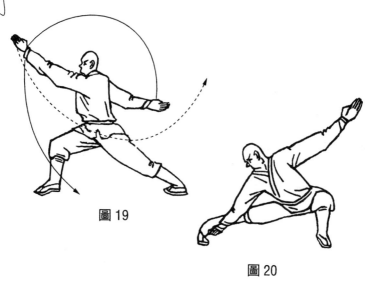

圖 19

圖 20

　　接上動作，右弓步不變，上體右移，右臂向下往後掄臂，左臂伸直由後向前上方掄臂（圖19）。

　　接上動作，兩腳不動，體向左轉90度，左腿全蹲，右腿仆地伸直，使兩腿成右仆步。右手直臂由後向上再向前下方掄臂拍打右足內側地面（響亮），左手臂由左側上方向後、向下掄臂至左側後上方。目視右手（圖20）。

　　（3）動作要求：

　　轉身時要以腳為軸，兩腿變成仆步時拍打要響、要快，手到眼到。掄臂要伸直。

第二節　腿部功夫

歌訣：

　　腿為人之馬，武功威力大。

　　初練主柔韌，靈活疾速霎。

　　壓腿壓到底，扳腿梢上發。

　　劈腿縱橫開，劈成一線叉。

　　踢腿至上星，內外閃火花。

　　控腿如鶴立，穩固威力大。

　　彈是石滾飛，踢足如雷炸。

　　練好腿部功，名蟲武林家。

　　腿部功夫，對一名練武者來說，是十分重要的。武林稱腿功為下盤功夫，在武術中佔有重要地位，是練武功成敗的關鍵，也是武術的重要基礎。初練武術者，主要練習腿的柔韌、靈活及力量，主要內容是壓腿、扳腿、劈腿、踢腿和控腿等。

一、壓　腿

　　壓腿的方法有正壓腿、側壓腿、後壓腿和仆

圖1   圖2

步壓腿四種。

壓腿的作用主要是拉長腿部的肌肉和韌帶，加大髖關節的活動範圍，增加腿部的靈活性和力量。

1. 正壓腿

（1）預備勢：

練習者面對具有適當高度的物體或肋木併步站立，身胸挺直，目視物體。

（2）動作說明：

右腳立地，左腳抬起，把腳跟放在適度的高物上，儘量使腳向內勾，兩手扶按在左膝上或用雙手抱緊前腳掌（圖1、圖2），全身重量放於右腿，立腰，收髖，上體稍向前屈，向前、向下做

圖 3

振壓動作。依此再換成左腳立地，抬右腿做上述
動作。

（3）動作要求：

一腿腳立地時，全身重量放於立地的腿上，
要站穩、站直，上體前屈，兩手按膝下振時，要
由輕漸重，逐步加大下振幅度，提高腿的柔韌
性，儘量使鼻尖觸及腳尖。

2. 側壓腿

（1）預備勢：

側對適當高度的物體或肋木站立。

（2）動作說明：

練習者提起左腿，把左腳跟放在物體上，腳
尖必須向內勾緊（圖3）。右手屈肘上舉，用力

圖4

扳住左腳掌（圖4）；左掌屈肘立於胸下右側，
掌心向外，掌指向上，使上體向左側壓（腿）振
5～7次。然後換右腿，向右側壓振。

（3）動作要求：

完成動作後必須立腰、開髖，兩腿伸直。向
左右屈身壓振時逐漸加大幅度，並且使上體側臥
在被壓的腿上。但要循序漸進，不可過度，以免
損傷。

3.後壓腿

（1）預備勢：

兩足成小八字站立，背部對準適當高度的物
體或肋木，兩手叉於腰間。

圖 5

（2）動作說明：

右腳立地，直腿挺起，左腳掌繃直使左腳背放在物體上，上體稍向後屈伸，緩緩做向後振壓動作 5～7 次（圖 5）。再改換左腳立地，舉起右腿做同樣動作。

（3）動作要求：

立地的一腿必須挺直，支撐全身重量，挺胸，展髖。

4.仆步壓腿

（1）預備勢：

兩腳成小八字站立，身胸挺直，兩臂自然下垂，兩掌心向內，附於大腿外側，掌指向下。

圖6

圖7

（2）動作說明：

左腿向左移一步，右腿屈膝全蹲，全腳掌著地；左腳向左仆地伸直，使兩腿成左仆步，腳尖內扣。兩手分別抓握兩腳外側。（圖6）。

接上動作，左腿屈膝全蹲，右腿仆地伸直，使兩腿成右仆步，兩手依然抓握兩腳外側（圖7）。

（3）動作要求：

完成仆步動作後挺胸、塌腰，左右移動變步時動作不要太快，臀部移動時儘量貼近地面。

二、扳　腿

扳腿的作用是增進腿部的柔韌性，如髖關節的活動幅度，提高腿部的支撐能力和上舉力量。扳腿的訓練方法有正扳腿、側扳腿和後扳腿。

少林
武術基本功

圖 8

圖 9

1. 正扳腿

（1）預備勢：

兩腳成小八字站立，身挺直，兩臂自然下垂，掌心向內，貼於大腿外側，掌指向下。

（2）動作說明：

右腿站立，提左腿屈膝，左手抱左膝，右手握住左腳。目視左腳（圖8）。

接上動作，右腿依然挺直站立，提左腿向前方舉起，膝要直，右手握住左腳掌前部，左手扶托左膝下內側（圖9）。也可請助手托住左腳跟

圖 10

往上扳（圖 10）。演練時可以左右腿交替進行。

（3）動作要求：

一腳著地時，腿要繃直，支撐全身重量，並挺胸、塌腰、收臀。

2.側扳腿

（1）預備勢：

兩足成小八字併立，身胸挺直，兩臂自然下垂，掌心向內，掌指向下。

（2）動作說明：

左腿站立，全腿繃直，抬右腿屈膝提起，右手由下向上屈肘，經右小腿內側扳住右腳跟，然後向右上方扳起，左手由下向上舉起，掌指向內

圖 11

圖 12

（圖 11）。

　　亦可請助手或同伴扶助練功，抓住腳跟向上扳腿（圖 12）。

　　（3）動作要求：

　　左腿直立後，全身重量移於左腿，要求挺胸、塌腰、收髖。

　　3.後扳腿

　　（1）預備勢：

　　面對一定高度的物體或肋木成八字併步站立，兩臂自然下垂，掌貼大腿外側，掌心向內，掌指向下。

圖 13

（2）動作說明：

左腿繃直站立，抬右腿向後、向上伸出，由同伴或助教扶扳右腿從身後緩緩上舉，上體向前略俯，當幫助者扳腿向上推時，上體向後屈（圖13）。

練習時也可由幫助者用肩扛住練功者的大腿做後扳動作。練習扳右腿片刻後應更換練扳左腿，左右交替練習。

（3）動作要求：

挺胸，塌腰，收髖。

三、劈　腿

劈腿是武術基本功中十分重要的基礎功法，是訓練素質的重要組成部分。主要是增強兩腿的

圖 14

柔韌性和加大髖關節的活動幅度,其方法有豎劈
和橫叉兩種。

1. 豎　劈

（1）預備勢：

足立八字,身胸挺直,兩臂向下自然下垂,
掌心向內,掌指向下。

（2）動作說明：

右腳不動,左腳向前上一步,兩手左右扶
地,兩腿降落至能忍受的尺度,腳尖勾起（初學
者特別注意不可心急,以免拉傷）,待練到兩腿
前後都能落地時,兩手側平舉,目視前方（圖
14）。兩腿可以交替練習。

（3）動作要求：

兩腿下劈時要緩緩下沉,適可而止。注意挺
胸、立腰、沉髖、挺膝。

圖 15

圖 16

少林
武術基本功

2.橫 叉

（1）預備勢：

足立八字，身胸挺直，兩臂下垂，掌貼於大
腿外側，掌心向內，掌指向下。

（2）動作說明：

左腳向左橫開一步，兩手扶地，兩腿緩緩外
移分開，使臀部落地（圖15）。兩腿成一條直
線，兩足跟著地，足尖朝上，完成動作後兩手側
平舉。目視前方（圖16）。

（3）動作要求：

圖 17

兩腿向外分開和臀部下沉均要緩緩進行，以免拉傷。注意挺胸、立腰、展髖、挺膝。

四、踢　腿

踢腿是武術基本功中的重要組成部分，對一名習練武術者能否練成卓技起著關鍵性作用。練習踢腿，可以增強腿部的柔韌性、靈敏性及控制力量。練踢腿的方法有正踢、側踢、裏合、外擺和後踢。

1. 正踢腿

（1）預備勢：

足立八字，併步側立，右手握扶肋木，左手叉腰，目平視（圖 17）。

圖18　　　　　　　　　圖19

（2）動作說明：

右腿挺膝站立，抬左腿向前上方踢起，腳尖內勾，盡力近額（圖18）。左腿下落後變成前點步，換成左腿站立，抬右腿練習。

（3）動作要求：

一腿立地時，全身重量移於立地的一腿，要求挺胸、直腰、收腹、沉髖。踢腿時，腳尖必須內勾，踢腿過腰時要猛、要快。

2. 側踢腿

（1）預備勢：

兩足開立，左腳跟提起，足尖點地，成左丁步，兩手扶住肋木，目視前方（圖19）。

圖 20   圖 21

（2）動作說明：

右腿立地，抬左腿向左側伸直踢起，左腳尖內勾（圖 20），左腿下落於右腳內側成左點步。然後，左腳踏實，左腿伸直站立，抬右腿向右側耳邊踢起，左右交替練習。

（3）動作要求：

同正踢腿。

3.外擺腿

（1）預備勢：

兩足併立，身胸挺直，右手扶住肋木，左手叉腰，目視前方（圖 21）。

圖 22

圖 23

（2）動作說明：

右腿立地，挺膝繃直，支撐全身重量，右手扶住肋木，左腳向右擺動，然後向左側外擺腳（圖22、圖23）。左右依次交替練習。

（3）動作要求：

一腿立地時支撐全身重量，挺胸、塌腰、鬆髖、展髖。兩腿交替外擺時，幅度要大，如同扇形。

圖 24

圖 25

4. 裏合腿

（1）預備勢：

兩足成小八字步站立，身胸挺直，右手扶住肋木，左手叉腰（圖24）。

（2）動作說明：

右腿立地，挺膝伸直，支撐全身重量，抬左腿，勾腳尖由左側上方彈起（圖25）。

圖26

接上動作，左腳由左側方向右側上方擺動（圖26），然後下落於左側原位依此踢右腿，左右交替。

（3）動作要求：

一腿立地時支撐全身體重，注意挺胸、立腰、合髖。左右裏合時，幅度要大，形如扇形。

5.後踢腿

（1）預備勢：

併步站立，兩手握住肋木。

（2）動作說明：

右腿立地，挺膝，支撐全身體重，左腿、左腳繃直向後踢起，上體向前傾探，頭要仰起，兩

圖 27　　　　　　　　　　圖 28

手仍握扶肋木（圖27）。然後左腿降落原位，挺
膝站立，支撐全身體重，右腿右腳繃直向後、向
上踢起，兩手繼續扶握肋木。左右交替後踢。

（3）動作要求：

　　一腿站立時，全身重量移於立地一腿，挺
膝，頭要抬起，腰向後屈，儘量使後踢的腳掌靠
近頭後部（圖28）。

五、控　腿

　　控腿在腿功中也占重要地位，主要是增強腿
部的力量，加強腿支撐全身體重和上舉的控制能
力。練法有前控腿、側控腿和後控腿。

圖 29

1. 前控腿

（1）預備勢：

側向兩足成小八字併立，右手扶住肋木，左手叉腰。

（2）動作說明：

右腿繃直站立，左腿屈膝向前提起，腳尖繃直，慢慢向前舉起（圖 29）。

接上動作，左腿立地，右腿屈膝向前提起，慢慢向前舉起，腳尖繃直。左右交替練習。

（3）動作要求：

立地的腿，一定要挺膝站穩，並做到挺胸、直背；腿舉起後，在空中停留片刻再下落復原位，換另一條腿控舉。控腿的高度，隨著訓練水

圖 30

準逐漸提高。

2. 側控腿

（1）預備勢：

練習者側向站立，右手扶住肋木，左手叉腰，目視前方。

（2）動作說明：

右腿站立，挺膝、繃直，抬左腿向左側屈膝提起，腳尖繃直，慢慢向左、向上舉起（圖 30）。

接上動作，左腿在空中停留片刻，然後下落原位站立，挺膝，支撐全身重量，再抬右腿屈膝，向右側上方舉起，腳尖繃直。依此左右交替練習。

圖 31

（3）動作要求：

同前控腿。

3.後控腿

（1）預備勢：

側向，兩足八字站立，右手扶住肋木，左手叉腰，目視前方。

（2）動作說明：

右腿立地，挺膝，支撐全身重量，抬左腿向前提膝，腳尖繃直，慢慢向後、向上伸出（圖31）。

接上動作，左腿在後上方停留片刻後，落下復回原處站立，挺膝站穩，抬右腿向前提膝，腳

尖繃直，慢慢向後、向上伸出。左右交替練習。

（3）動作要求：

站立的一腿挺膝、站穩，全身重量移於站立的一腿，挺胸、展髖，腰向後屈。

圖 32

六、掃　腿

掃腿是增強腿部掃擊能力的有效訓練方法，亦稱掃轉性腿法。分前掃和後掃兩種。

1.前掃腿

（1）預備勢：

兩腳併步站立，身胸挺直，兩臂自然下垂，兩掌貼於大腿外側，目平視。

（2）動作說明：

抬右腳移於左腳外側一步，使兩腿成插步，同時兩手由下向上、向左再向右畫弧擺掌，右臂向右展直，高與肩平，成右側立掌，掌心向外，掌指向上，頭向右轉，目視右手（圖 32）。

圖 33

圖 34

　　上動不停，兩腳不動，上體左轉 180 度，兩臂隨身向兩側展開，左臂稍高於肩，右臂低於肩，目視左側（圖 33）。

　　接上動作，以兩腳為軸，上體繼續左轉 180度，左腳跟抬起，以左腳掌為軸，抬右腿由右向前、往左、向後再返前掃一周。同時左臂屈肘從右臂內側向上穿出，變成橫掌，上架頭上左側，掌心向前，掌指向右；右掌下沉並向右側後擺成勾手。目視右側（圖 34）。

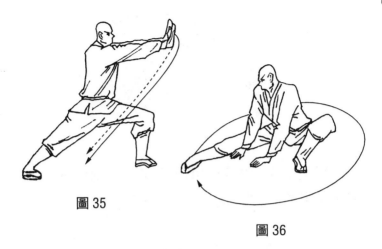

圖 35

圖 36

2. 後掃腿

（1）預備勢：

兩腳併步站立，身胸挺直，兩臂自然下垂，兩掌貼於大腿外側，目平視。

（2）動作說明：

左腳向左開一步，上體左轉 90 度，使兩腿成左弓步，同時兩掌隨身向前推出，掌心向前，目視兩手（圖 35）。

接上動作，以兩腳為軸，體向右轉 90 度，左腿全蹲，右腿鋪地伸直，使兩腿成右仆步。同時兩手隨身向前落於兩腿之間，兩掌扶地，以左腳為軸，抬右腿向後、向左再返前掃一周（圖 36）。

圖 37

接上動作，右腿掃轉後起身，上體左轉，左
腿屈膝半蹲，右腿蹬直，目視兩手（圖37）。

第三節　腰部功夫

歌訣：

> 腰是人體柱，武功掌中樞。
> 協調上下肢，全身虎力出。
> 練武先練腰，武藝才能高。
> 腰功重在活，拳腳成神把。

腰部功夫是武術功夫中重要組成部分之
一，它是貫通人體上下肢及全身各部發功制人的
樞紐，也是反映一名習武者功夫高低的尺規。腰
部功夫主要是練之靈活，其方法有前俯腰、擰
腰、涮腰、下腰和翻腰。

圖 1

圖 2

一、前俯腰

（1）預備勢：

兩足成八字站立，身胸挺直，兩臂自然下垂，掌貼大腿外側，掌心向內，掌指向下。

（2）動作說明：

兩手十指交叉，兩臂向上緩緩直臂舉起，掌心朝上，然後上體慢慢前俯，挺胸、塌腰，兩手儘量貼地，仰頭（圖1）。

接上動作，兩手鬆開，抱住兩腳跟，使胸部漸漸靠住腿部，保持片刻，頭下沉（圖2）。

接上動作，以兩腳為
軸，身體向左轉 90 度，
兩手向左腳外側按地，仰
頭，保持片刻（圖 3）。
起身，以兩腳為軸，體向
右轉 90 度，上體前俯，
兩手向右腳外側按地，保
持片刻。

圖 3

（3）動作要求：

兩腳併步時，兩腿伸直，挺胸、塌腰、收
髖，上體儘量前俯。

二、撑　腰

（1）預備勢：

兩腳成小八字併步站立，身胸挺直，兩臂自
然下垂，掌貼大腿外側，掌心向內，掌指向下
（圖 4）。

（2）動作說明：

左腿立地，抬右腿向前提膝，腳尖繃直，右
臂向右側伸出，掌心向下；左手屈肘橫放胸前，
掌心向下，掌指向右（圖 5）。

接上動作，右腳下落左腳左側一步，兩腳不

圖4　　　　　　　　　圖5

圖6　　　　　　　　　圖7

動，體向左轉 180 度，使身軀隨擰腰扭轉，右臂
也隨之上舉（圖6、圖7）。然後，再依此法左右
交替練習。

圖8

（3）動作要求：

上腳、變步、體轉要與擰腰動作相協調。

三、涮　腰

（1）預備勢：

兩腳開立，稍寬於肩，身體挺直，兩臂自然垂下，掌貼大腿外側。

（2）動作說明：

兩腳不動，以髖關節為軸，上體向左轉90度，上體前俯，同時兩臂隨身向左側方伸出。目視兩手（圖8）。

接上動作，兩腳不動，以髖關節為軸，上體向右旋轉90度，上體後仰，同時兩手隨身由左向

圖9

圖10

右上方繞環（圖9）。

　　接上動作，兩腳不動，兩手由右向左繞環，上體後仰（圖10）。依上法左右交替練習。

　　（3）動作要求：

　　兩腳立穩，上體旋轉、後仰都要與全身動作協調，身隨臂繞環的幅度要盡力增大。

四、下　腰

　　（1）預備勢：

　　兩腳開立，距離與肩同寬。

圖 11

（2）動作說明：

兩腳開立站穩，兩臂伸直緩緩上舉，同時腰部向後慢慢下沉彎曲，兩手漸漸按地支撐，使全身成拱橋形，抬頭挺胸（圖 11）。

（3）動作要求：

腰向後彎曲時下沉要慢，挺胸、挺髖，腰向上頂時橋拱要大，腳跟不得離地，完成動作後，四肢支撐全身重力。停留片刻再復原。

五、翻　腰

（1）預備勢：

兩足成小八字站立，身胸挺直，兩臂下垂，掌貼大腿外側。

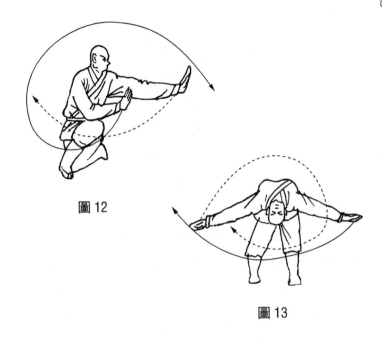

圖 12

圖 13

（2）動作說明：

左腳移於右腳前右側一步，使兩腿成插步，然後，兩腿全蹲成歇步，同時，兩手向左側擺掌，右肘稍屈，目視兩手（圖 12）。

接上動作，以兩腳為軸，體向右轉 180 度，右腳向右移半步，使兩腿成大開步，同時上體前俯，沿縱軸向左翻轉，右臂向下、向右再向上、向左繞轉，左臂向下、向左再向上、向右繞轉，上體隨勢後仰（圖 13）。

圖 14

　　接上動作，以兩腳為軸，體向右轉 180 度，使兩腿成插步，同時右臂隨身向下、向右、向左掄繞，左臂向下、向左再向上、向右掄繞，兩腿全蹲成歇步，兩手向右屈肘擺拳，目視右側（圖14）。依此法左右交替練習。

　　（3）動作要求：

　　兩腿交叉全蹲成歇步時，要挺胸、塌腰；上體旋轉、翻腰時，要沿身體縱軸繞轉，兩臂繞掄時要求成圓。

第四節　椿　功

　　歌訣：

　　　椿功威力大，腿爲人之馬。

站腿如埋樁，練氣催力發。

動中求靜亦練氣，靜中求動亦練把。

升降開合渾元樁，四兩可當千斤閘。

弓馬站樁穩如山，如同泰岳把根紮。

更有馳名梅花樁，走南闖北震天下。

　　樁功是武術基本功夫中具有特殊意義的功法，主要是練靜中求動或者說靜中發力、靜聚威力、猛制於人的武術氣功之一。兩腿站定，練弓步樁、馬步樁或渾元樁等，都是下固兩腿，中穩身軀，上靜於腦，氣沉丹田，以意領氣，調氣練氣。動中求靜，貴在聚氣、調氣，發揮大力。靜中求動，貴在運氣、聚氣、壯氣，發出宏力，有推山搏虎之勢。故說練樁功，是固下盤、聚精氣之功，可增強腿足力量，或頓或攻，可儲備上肢力量，尋機待發，配合下盤，使上下左右形成一體。對初學者來說，一般常練易學易練、收效明顯的弓步樁、馬步樁和少林樁。

一、弓步樁

（1）預備勢：

兩腳成小八字併立，身胸挺直，兩臂自然下

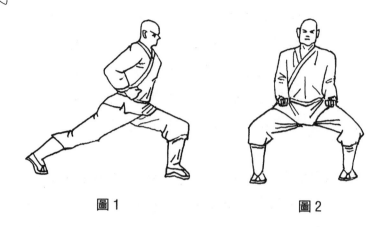

圖1 圖2

垂，兩掌貼大腿外側，掌心向裏，掌指向下，目
視前方。

（2）動作說明：

左腳向左開一步，以兩腳為軸，體向左轉90
度，右腿蹬直，使兩腿成左弓步，同時兩掌變
拳，屈肘抱於腰間，拳心向內，目視前方（圖
1），持續1～3分鐘。再換成右弓步，交替演
練。

（3）動作要求：

完成動作後，兩腿站穩，氣沉丹田，保持腹
式呼吸，挺胸、塌腰、沉髖，後腳不可拔跟。

二、馬步樁

（1）預備勢：

兩腳成小八字併立，身胸挺直，兩臂自然下垂，掌貼大腿外側，目平視。

（2）動作說明：

抬左腳向左開一步，兩腿屈膝半蹲成馬步，兩腳尖內扣，膝不過腳尖，全身重心放兩腿之間，兩掌變拳抱於腰間，拳心向上，目視前方（圖2）。完成動作後，調息自然，舌抵上腭，定勢保持3～5分鐘。貼樁則可以站30分鐘到1小時。

（3）動作要求：

完成動作時，挺胸、塌腰、直背，緩慢地做深呼吸。

三、少林樁

歌訣：

> 馬步挺胸站，牢固如泰山。
> 舌抵上腭處，目微視鼻尖。
> 兩拳栽膝上，重心兩腿間。
> 頭上頂架石，四十六斤半。

增至一百斤，力可推華山。

（1）預備勢：

兩腳成小八字成立，身胸挺直，兩臂自然下垂，兩掌貼於大腿外側，掌心向裏，目平視，自然呼吸。

（2）動作說明：

左腳向左開一步，兩腿屈膝成馬步，舌抵上腭，目視鼻尖，意沉丹田。然後讓助手在頭上放重3～5斤的物體（磚塊或石塊），練功者感到重心平衡時，兩手屈肘握拳放在膝蓋上，拳心向後。

初練時，每次完成動作後定勢保持站樁10～30分鐘，逐漸增加至2小時。

（3）動作要求：

挺胸、塌腰、直背，舌抵上腭，目視鼻尖，意守丹田。

第二章　武術基本技術

　　武術基本技術就是各單項動作的基本練法，如手型、手法、步型、步法、跳躍、跌撲、滾翻等。透過人體各部單項動作的訓練，可以增強各部的運動力量及靈活性，為學練武術各種功法打下良好的基礎。

第一節　手型手法

　　少林武術同其他武術流派一樣，在武術功理方面大都相似。其手型常用的有掌、拳、勾三種，各型的技擊作用形成了手法，如推、沖、架、亮、砍（劈）、撩、甩、搶、摺、掠等。

一、掌　型

　　掌在武術套路中用途甚多，如四平掌、柳葉掌、五花爪、八字掌、虎爪、鷹爪、螳螂爪、剪子手等。

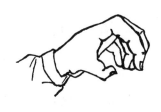

圖1 圖2

1.四平掌

食、中、無名、小四指伸直，拇指內屈（圖1）。

2.柳葉掌

五指伸直、併攏。

3.五花爪

拇、食、中、無名、小五指分開、內屈，形成五花瓣形（圖2）。

4.八字掌

食、中、無名、小四指併攏伸直，拇指向外展開，與食指呈八字形（圖3）。

5.虎　爪

食、中、無名、小、拇五指稍有間隙，向內用力屈指，儘量使五指指端靠近掌面，形如虎爪（圖4）。

圖 3　　　　　　　　　　圖 4

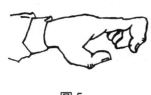

圖 5　　　　　　　　　　圖 6

6. 鷹　爪

食、中、無名、小四指內屈，使四指的第一節用力內屈，四指之間略有間隙，拇指向外擴張，第一節內屈，使全掌形如鷹爪（圖5）。

二、拳

1. 四平拳

食、中、無名、小四指向內捲曲，握緊，拇指扣在食指和中指的第二節處（圖6）。

圖7   圖8

2. 瓦楞拳

食、中、無名、小四指向內捲曲，各指第一節儘量靠近，使捲握四指的二、三間關節凸成楞形，拇指第一節內屈，封住食指捲曲的孔（圖7）。

三、勾

五指內屈，併攏在一起，腕部也內屈，使其爪連腕內屈成勾形（圖8）。

四、手的用法

(一)掌的用法

掌的用法有推掌、切掌、架掌、穿掌、亮拳等。

1. 推　掌

用單掌或雙掌向前或向兩側推擊對方（圖

圖 9　　　　　　　　　圖 10

9）。

2.切　掌

用單掌或雙掌由上向下砍擊對方。

3.劈　掌

用單掌向下方或向後下方劈擊對方要害部位。

4.架　掌

用單掌向左或向右畫弧，然後架於頭上前方或兩側。

5.亮　掌

拳變掌或手掌由體側向左上方或向右上方畫弧，至頭部右上方或左前上方時抖腕亮掌（圖10）。

圖 11   圖 12

少林
武術基本功

6. 五花爪

用單手或雙手向前或前上方抓擊對方要害部位。

(二) 拳的用法

拳的技法有沖拳、砸拳、撩拳、架拳等。

1. 沖　拳

用單拳或雙拳向前沖擊對方要害部位（圖11）。

2. 砸　拳

用單拳或雙拳由上向下砸擊對方要害部位。

3.撩　拳

用拳由內向外撩打。

4.架　拳

單拳或雙拳由下向上或由內向外畫弧後上架頭上前方或左右側上方，拳眼向下，拳心向前（圖12）。

(三)勾手的用法

主要用於向左或向右或向下勾打對方的要害部位。

第二節　步型及練法

一、弓　步

1.步　型

圖1

一腿在前，一腿在後，前腿屈膝半蹲，後腿蹬直，使兩腳在一條線上，兩腳尖內扣，兩腳掌著地，上身挺直，兩拳抱於腰間，目視前方（圖1）。左腳在前

稱左弓步，右腳在前稱右弓步。

2. 練　法

兩腿形成弓步後，以兩腳為軸，體向左右連續半轉180度，一會兒左弓步，一會兒右弓步，反覆練習。還要注意上部的手臂功夫，在轉體前兩拳變掌，分別向外再向內畫弧，轉身後變拳，形成弓步後屈肘抱於腰間。也可以演練弓步沖拳或弓步推掌。

二、馬　步

1. 步　型

兩腳平行開立，間距相當於腳長的二倍，兩腳尖正對前方；兩腿屈膝半蹲，不能踮起腳尖，兩大腿面平行，全腳著地，全身重心落在兩腿之間；身胸挺直，兩拳屈肘抱於腰間，目平視（圖2）。

2. 練　法

要練好馬步，必須先練其姿勢，在姿勢正確的前提下，反覆練習起蹲，使起蹲與直立交替。在熟練正確的

圖2

馬步姿勢後再做加招演練，如馬步架打、馬步沖拳、馬步推掌等。

動作要求：挺胸、塌腰，腳跟外蹬。

三、虛　步

1. 步　型

虛步也是武術套路中常見的步型。具體步型是：兩足前後開立，即一腳在前，一腳在後，後腳外展45度，後腿屈膝半蹲；前腳跟翹起，腳面繃平，腳尖內扣，使腳尖虛點地面，膝微屈。全身重心落於後腿上，兩手置於腰部，目平視，右腳在前為右虛步，左腳在前為左虛步（圖3）。

2. 練　法

演練虛步的要點是多練後腿屈膝時微蹲持續的時間。在步型正確的前提下，反覆練習後腿屈蹲，由半分鐘延長到1分鐘，同時還可以加些相關動作，如架掌、推掌、亮掌、勾手、挑掌等。

動作要求：虛實分清，重心放在後腿，目平視。

圖3

圖4

四、歇　步

1. 步　型

　　歇步練得是否準確，是檢驗一個習武者下盤功夫的尺規。其具體步型是兩腿交叉，屈膝全蹲，前腿全腳掌著地，腳尖外展；後腿前腳掌著地，膝部貼近前腳外側。臀部坐於後腿接近腳跟處，兩拳抱於腰間。眼向前腿一側平視。

2. 練　法

　　初練者可以先面對物體，手扶物體演練蹲腿、挺胸等動作；待符合規格後，可不扶物體，練習叉步、全蹲、挺胸，反覆練蹲起等；直到步型正確，再練持續時間；最後可練一些技術動作，如歇步亮掌（圖4）、歇步穿劍等。

圖 5

五、仆 步

1. 步 型

兩腳開立，一腳向外開一步，一腿屈膝全
蹲，使大腿與小腿靠緊，臀部接近小腿，全腳掌
著地；另一腿挺直平仆，腳尖內扣，全腳掌著
地。兩手抱拳，放於腰間，目視仆腿一側，左腿仆
平者為左仆步（圖5），右腿仆平者為右仆步。

2. 練 法

初學者應先練下蹲、仆腿，結合起立後又仆
下去，反覆練習，直到下蹲腿能自如全蹲，仆平
腿能自如仆平，再練挺胸、塌腰。待仆步姿勢完
全合格後，再加練技術動作，如仆步穿掌、仆步
亮掌、仆步掠掌、撲步砸拳等。

動作要求：挺胸、塌腰，腿要仆平。

六、丁　步

1.步　型

先併步站立，兩腿屈膝半蹲，一腳全腳掌著地，抬另一隻腳，使腳跟翹起，腳尖裏扣，並虛點地面，腳面繃直，

圖6

附於立地一腳前處，形似丁字，然後兩手握拳，抱於腰間，目前視（圖6）。

2.練　法

初練者可以面對物體，手扶練蹲，逐漸棄去物體。練熟後可以加練技術動作，如丁步推掌、丁步沖拳、丁步架掌等。

動作要求：屈蹲與直身靈活自如，虛實清楚，重心放在立地的一腿。

七、坐　盤

1.步　型

先使兩腿成交叉步，然後一腿屈膝全蹲，大小腿全著地，腳跟接近臀部；另一腿在身前跨於

圖 7

屈膝全蹲腿的上方，使大腿貼近胸部。兩手抱拳於腋間，眼向左（右）側平視。左腿在前稱左坐盤，右腿在前稱右坐盤。

2. 練　法

初學者宜先練兩腿屈蹲，反覆演練屈蹲、起身、又屈蹲、再起身，既能自如蹲下又能迅速起身方可。如果坐盤不穩，可以使前腳尖充分外展，兩腿互相貼緊。左右交替練習，直到起坐自如，然後加練技術動作，如坐盤穿掌（圖7）。

動作要求：坐盤牢固，挺胸、塌腰，兩腿靠近、貼緊，目側平視。

八、插　步

1. 步　型

插步是一種過渡性步型，也叫臨時步型。左腳不動，右腳移於左腳外側一步，或右腳不動，左腳移於右腳外側一步，均可形成插步（圖8）。

圖8

另有一種情況是轉插步，兩腳不動，上體向左或向右轉體180度，也可形成插步。

2. 練　法

初學者可以多練兩腳的移動，向左或向右，不僅練插步的牢固性、靈活性，而且還可加練此順勢招式，如掠手、擺掌等。

再者練大插步，即兩腳不動，上體向一方向轉體180度，因旋轉幅度大，故稱大插步。可練上體旋轉的靈活性，還可練臨時接應對方侵犯之招，如練前後穿掌、亮掌、擺掌等。

九、點　步

1.步　型

　　點步也是一種臨時步型，分前點步和後點
步。前點步是一腳著地站立，抬另一隻腳向前，
使腳尖虛點地面；後點步是一腳著地，另一隻腳
向後，使腳尖虛點地面。

2.練　法

　　前點步和後點步都是臨時步型，從技術方面
說屬試探性，偵察對方招式或力量。攻則踏實，
變成弓步沖擊對方；退則避險，可以隨時撤步向
後或轉身避之。前點步可加練屈肘抱拳或前撩掌，
後點步可加練向前沖擊陽拳或後崩拳、後勾拳。

　　動作要求：形成點步後
身體重心放在實腳上。

十、併　步

1.步　型

　　併步也叫立正步，兩腳
在一條線上立齊，腳掌全部
著地，兩腿伸直，腳尖不向
外張，兩膝夾緊（圖9）。

圖9

2.練　法

併步練法較易，主要演練站穩，身胸挺直，全重心放於兩腿間，目平視。可以加練單手推掌、雙手推掌、單沖拳或雙沖拳。

動作要求：兩腳的間距約二至三寸，還必須在一條線上，身胸必須挺直。

十一、跪　步

1.步　型

前腿腳掌全著地，並屈膝半蹲，後腿屈膝接近地面，腳跟提起，上體向前腳一側傾斜，但不跪地。

2.練　法

初學者特別要加強對兩腿屈蹲、起立的交替練習，直到起蹲自如再練習跪步，當演練跪步合格後再加練沖拳、刁手等動作。

動作要求：起蹲自如，刁手、沖拳要與手、足、身、腿、步法相協調，目視出手。

十二、八字步

1.步　型

八字步是少林拳常見的步型之一，具體說來

是兩腳掌著地，兩足尖稍向外張，兩足跟間距約一個拳頭之寬，兩腳尖間距兩個拳頭之寬，形如八字（圖10）。

2. 練　法

反覆演練上步成八字步和退步變八字步，形成八字步後加練推掌和沖拳。

動作要求：兩腳全掌著地，足跟間距一拳，足尖間距兩拳，身胸挺直。

圖10

第三節　跳躍練法

練好跳躍和跌撲滾翻動作是練好自選套路和國家規定套路的基礎。雖然在傳統武術套路中少用，但對提高攻防技能有重要意義。

跳躍動作對於練好現代武術十分重要，尤其可以增強腿部的力量，提高彈跳能力。

常見的跳躍動作有騰空飛腳、旋風腳、騰空擺蓮等。

圖 1

圖 2

少林武術基本功

一、騰空飛腳

1. 預備勢

兩腳開步站立，身胸挺直，兩臂自然下垂，兩手掌心向裏，貼於大腿外側，目平視。

2. 動作說明

抬右腳向前上一步，再抬左腳，左腿向前、向上擺踢，同時右腳蹬地跳起，使全身騰空，兩手由下向上、向前繞頭上畫弧，然後右手背與左手掌相擊響亮（圖 1、圖 2）。

圖 3

接上動作，伸右腳向前上方彈踢；腳面繃直，同時出右手向前、向上拍擊右腳掌（響亮），左手向左側後方甩成勾手，目視右手（圖 3）。

3. 動作要求

（1）當全身騰空在最高點時，完成擊響動作，必須連貫、準確、響亮。

（2）全身騰空後，要求上體正直，微向前傾，不要坐臀。

（3）右腿在空中向前、向上彈踢時，其高度必須超過腰部，左腿在擊響的一霎間，迅速屈收在右腿一側，足尖向下，目視右手。

二、騰空雙飛腳（雙飛燕）

1. 預備勢

兩腳開步站立，身胸挺直，兩臂自然下垂，

兩掌心向裏貼於大腿外側，目平視（圖4）。

圖4

2. 動作說明

兩腿同時向前向上縱跳，當全身騰空到最高點時，速出兩手分別拍擊同側腳面（響亮）。

3. 動作要求

（1）兩腿向前向上縱跳騰空越高越好，可以逐步提高。

（2）當兩腿在空中最高點時，腳面繃平，速出兩手向前分別拍擊同側腳，速度越快越好。

（3）兩手分別拍擊同側腳面要快，要準確，要響亮。

三、旋風腳

1. 動作說明

兩腳不動，右臂向右側上方畫弧擺掌，掌心向外，掌指向上，同時左掌收於腰部左側，掌心向上，上體稍向左轉，目視右掌（圖5）。

接上動作，左腳收於右腳左側前，足跟提

圖 5

圖 6

起，腳尖點地成左虛步。右手向左、向下再向右
經頭上前方畫弧，然後抖腕亮掌，掌心向上，掌
指向左；同時左手從右臂內穿出，經胸前向上、
向左擺掌，高與肩平，掌心向外，掌指向上，目
視左手（圖6）。

圖 7

圖 8

　　接上動作，左腳向左移一步，同時左手向前、向上擺掌，右臂向右後方甩直，目視左側（圖7）。

　　接上動作，上體向左旋轉，右腳隨身向前上一步，腳尖內扣，準備蹬地起跳。左臂由左向下擺動，然後屈肘收於胸右側前方；同時右臂向右、向上、向前掄擺，上體向左側前俯（圖8）。

　　接上動作，全身重心移於右腿，右腿屈膝蹬地跳起，抬左腿向上由左往右旋擺，上體向左上

圖 9

圖 10

方翻轉。同時兩臂向下再由下向左上方掄擺，使身體由右向左旋轉 360 度，速出左手向右上方拍擊右腳內側（響亮），左腿自然下垂，右手隨身向右側後方撩出，目視左手（圖 9、圖 10）。

2. 動作要求

（1）擺腿擺腳時，膝必須挺直，由外向裏成扇形。

（2）當全身騰空時，左手速向前、向上由左向右拍擊右腳掌內側，要拍響。

（3）蹬地、起跳、轉體、掄臂、擊響等動作要協調。完成動作後，降落時要腳尖先著地，以

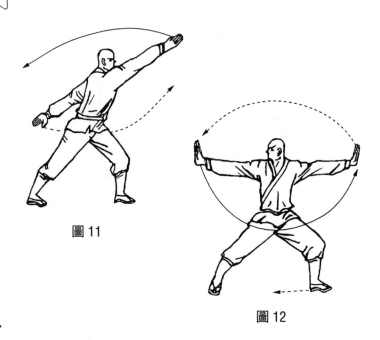

圖 11

圖 12

絕對保證安全。

四、騰空擺蓮

1. 動作說明

　　抬右腳向右跨一步，以兩腳為軸，身體向左
轉 90 度，同時兩臂隨身向前後擺掌展臂，右手在
前上方，左手在後下方，兩腳不動，上體右轉 45
度，同時兩臂繞環掄臂挑掌，然後側平舉，掌指
向上，目視右側（圖 11、圖 12）。

圖 13

圖 14　　　　　　　　　圖 15

　　接上動作，收左腳成虛步，同時右腳向前上
一步，蹬地起跳，左腳向左擺起，兩手於頭上相
擊（響亮），上體向右旋轉180度，使全身騰
空，兩手隨身向前拍擊右腳面（響亮），上體微
向前傾，目視兩手（圖13、圖14、圖15）。

2. 動作要求

右腳上步成弧形，右腳蹬跳時，注意腳尖外展，右腿屈膝微蹲，兩腿上跳速度要快，左腿注意裹合扣踢。當全身騰空時，注意兩手先右後左地拍擊右腳面，要響亮。在完成動作中，起跳、撐腰、轉體、裹合、外擺、擊響等要緊密配合。

第四節　跌撲滾翻練法

跌撲滾翻動作是現代武術基本功技法的重要內容。透過跌撲滾翻動作的練習，可以提高身體的協調、靈巧、速度及力量等素質。

常見的練法有搶背、鯉魚打挺、烏龍絞柱、側空翻、鏇子等。

一、搶　背

1. 動作說明

以兩腳為軸，體向左轉 90 度，抬右腳向前落於左腳前外側，使兩腿交錯站立，左腳由後前擺起，同時右腳蹬地起跳，使全身向前滾翻，兩腿屈膝，儘量向內靠近（圖 1、圖 2）。

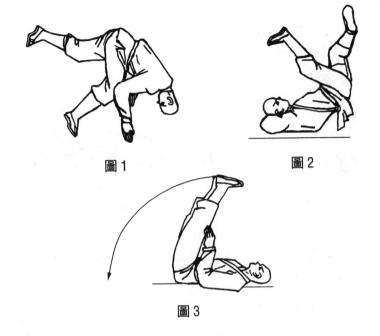

圖1　　　　　　　　圖2

圖3

2. 動作要求

滾翻時切記，肩背腰臀部依次著地，滾翻的速度要快，身形要圓，立起要迅速。

二、鯉魚打挺

1. 動作說明

仰臥，兩腿同時屈膝上擺，兩手扶按兩膝，然後兩腿向下沉擺，挺胸挺腹，振擺而起，使全身騰空（圖3）。

圖4　　　　　　　　　圖5

上動不停，全身翻過後，兩腿屈膝，兩腳掌著地（圖4）。

2. 動作要求

在完成動作過程中，身體成圓環形，打腿振擺的速度要快，兩腳分開的距離不超過肩寬。

三、烏龍絞柱

1. 預備勢

向左側臥，左腿屈膝貼附地面，右腿伸直，兩手臂微屈肘，支撐在胸前，頭略抬起，目視右腿（圖5）。

2. 動作說明

抬右腿向左再向右貼身平掃（圖6）。

圖6   圖7

圖8

　　接上動作，身體隨之翻仰，兩腿向上相絞
（圖7）。

　　接上動作，在兩腿相絞的同時，腰腿向上豎
直，以肩頸部著地，推手起身（圖8）。

　　3.動作要求

　　抬腿平掃、翻身絞腿、豎身等動作要快速協
調。

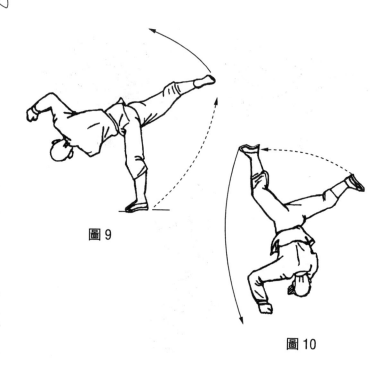

圖9

圖10

四、側空翻

1. 動作說明

抬左腳向前上一步，落於右腳前面蹬地，再抬右腿從後向上擺起，上體前屈，當全身騰空時，身向左側翻動，然後右腳先落地，再下落左腳，站穩（圖9、圖10、圖11）。

圖11

2.動作要求

　　教練員輔導初學者先練雙手側翻、單手側翻等動作，然後再輔導演練側空翻。教練員站立一旁用手或棍助挑，是促進側空翻動作成功的有效方法。

　　完成動作後，兩腿必須儘量伸直，立腰挺胸。動作中，兩腿的擺動要快，兩腳落地要快要輕，儘量讓腳尖先落地，避免損傷。

五、旋　子

1.動作說明

　　右腳向右移一步，以兩腳為軸，體向右轉180度，兩臂同時向右展擺，左臂向左側前上方，右

圖 12

圖 13

臂向右側後下方,兩腿微屈,目視右側前方(圖
12)。

接上動作,左腳踏地,身體平俯左轉,甩腰
擺動,兩臂隨身向左展擺(圖13)。

接上動作,左腳蹬地,全身騰空,同時兩腿
伸直,向後、向左上方旋擺(圖14、圖15)。

接上動作,隨之右腳先落地,次落左腳,使
全身站穩。

圖 14

圖 15

2. 動作要求

　　動作中甩腰、擺腿要快，挺胸、抬頭、展
髖，騰空後使身體成水平旋轉一周落地。

第五節　平衡練習

平衡動作不僅可鍛鍊和增強腰部、髖部的柔韌性、靈活性，而且還可以增強肌肉的控制力。平衡動作分持久平衡和非持久平衡兩種。

持久平衡，要求在完成動作後保持兩秒鐘以上時間的靜止狀態。

非持久性平衡，沒有對保持靜止狀態提出時間要求，只要在完成動作後出現靜止狀態即可。

一、提膝平衡

1.動作說明

右腿站立，抬左腿屈膝，高提過腰，腳面繃直，附於右腿前側。同時右手由下向內再向外、向上畫弧，然後直臂亮掌，掌心向上，掌指向左；左手由下向內再向外甩成後勾手，目視左側（圖1）。

2.動作要求

動作中，重心在右腿，亮

圖1

圖2

圖3

掌、畫弧、提膝要協調，完成動作後靜止3秒鐘。

二、燕式平衡

1. 動作說明

　　左腳著地，上體稍向左轉，抬右腳向前提膝，扣於左膝前，高度過腰，右腳面繃平。同時兩臂由下向內在胸前環弧交叉，掌心向內，目平視（圖2）。

　　接上動作，左腿支撐全身重心，抬右腿向後上方伸翹，高過於頭。同時兩臂向兩側展開平舉，上體前俯，頭要仰起，目平視（圖3）。

2.動作要求

兩腿伸直，左腿支撐全身重量，右腿向後上方伸直，腳面繃平，上體前俯，挺胸抬頭，完成動作後靜止 3 秒鐘。

第三章　拳術動作組合訓練

拳術動作組合，是把第一章和第二章學練的武術基本功和基本技法，綜合成一種使人體各部位能夠互相協調的全面訓練方法，為練好拳術和器械套路打下良好的基礎。

第一節　拳術動作組合之一——五步拳

1.預備勢

兩腳併步站立，身胸挺直，兩臂自然下垂，兩掌貼於大腿外側，掌心向內，掌指向下，目平視（圖1）。

2.仆步切掌

抬左腳向左移半步，兩手由下向上、向內畫弧，然後變拳抱於腰間，

圖1

圖2

圖3

拳心向上，目視左側
（圖2）。

　接上動作，左腿
提膝，同時左拳變
掌，由下向上、向內
畫弧，屈肘向右擺
掌，落於右肩前，掌
心向右，目視左側
（圖3）。

圖4

　接上動作，左腳向左落一步，右腿全蹲，左
腿鋪平伸直，使兩腿成左仆步。同時左掌隨上身
前俯由上向左側下方切掌，目視左手（圖4）。

圖 5　　　　　　　　　　圖 6

3. 弓步右沖拳

接上動作，起身，左腿屈膝，右腿蹬直，使兩腿成左弓步。同時右拳向前沖擊，拳心向下；左掌變拳，抱於腰間，拳心向上。目視右拳（圖5）。

4. 馬步架打（左式）

接上動作，右拳收於腰間，拳心向上。抬右腳向前彈踢，腳面繃平。同時出左拳向前沖擊，拳心向下。目視左拳（圖6）。

接上動作，右腳下落左腳前一步，同時體向左轉90度，兩腿屈膝半蹲，使兩腿成馬步。同時左拳隨身向下、向左畫弧，然後上架頭上左側，拳心向前；右拳向右側前方沖擊，拳心向下。目視右拳（圖7）。

第三章　拳術動作組合訓練

圖7   圖8

5.歇步沖拳

接上動作,以兩腳為軸,體向左轉90度,抬左腿向前提膝,腳面繃平。同時左拳隨身收回腰間,拳心向上;右拳變掌,隨身向右抖臂屈肘擺掌,掌心向下。目視前方(圖8)。

接上動作,左腳下落於右腳右後方,上體右轉90度,兩腿全蹲成歇步。同時左拳隨身勢向左側沖擊,拳心向下;右掌變拳,抱於腰間。目視左拳(圖9)。

6.仆步穿掌

上動不停,起身,以兩腳為軸,體向左轉,左腿提膝,腳面繃平。同時兩拳變掌,兩手相對

圖 9

圖 10

運行，然後右手經胸前
由內向外斜向右側上方
伸掌，掌心向前；左手
屈肘亮掌，掌心向右，
掌指向上。目視右側
（圖 10）。

　接上動作，左腳下
落於右腳左側一步，右

圖 11

腿全蹲，左腿鋪平，使兩腿成左仆步。同時左掌
隨身向左側下方穿掌，掌心向前，掌指向左；右
掌由上向內再由內向右側斜上擺掌。目視左手
（圖 11）。

圖 12   圖 13

7. 虛步挑掌

接上動作，起身，以兩腳為軸，體向左轉 90 度，右腳跟離地兩腿微蹲，成右虛步。同時，左手由前向上往左側運行，然後變成勾手；右手由後上方隨身向前撩打，然後向上挑掌，掌心向內，掌指向上。目視前方（圖 12）。

8. 仆步切掌

接上動作，體稍左轉，左腿全蹲，右腿鋪平，成右仆步。同時左勾變拳，屈肘抱腰間，拳心向上；右掌向左側下方沿右腿內側向右運行，然後抖腕切掌，停於右腳掌稍上方，掌心向內。目視右手（圖 13）。

圖 14　　　　　　　　圖 15

9.弓步左沖拳

接上動作，起身，以兩腳為軸，體向右轉，右腿屈膝半蹲，左腿蹬直，使兩腿成右弓步。同時左拳向前沖擊，拳心向下；右掌變拳，抱於腰間，拳心向上。目視左拳（圖14）。

10. 馬步架打（右式）

接上動作，左拳向外畫弧，然後抱於腰間。抬左腳向前彈踢，腳面繃直。同時右拳向前沖擊，拳心向下。目視右拳（圖15）。

接上動作，左腳向左落地，以兩腳為軸，體向右轉90度，兩腿屈膝半蹲，使兩腿成馬步。同時右拳變掌，由左向右畫弧，然後上架頭上右側，掌心向前；左拳隨身勢向左側沖擊，拳心向

圖 16

圖 17

下。目視前方（圖 16）。

11. 歇步右沖拳

接上動作，以兩腳為軸，體向右轉 90 度，右腿向前提膝，腳面繃平。同時右掌變拳收回腰間，拳心向上；左拳變掌，由左向右抖肘擺掌，停於右膝上方，掌心向下（圖 17）。

上動不停，右腳下落於左腳後左側一步，兩腿成插步，上體向左旋轉 90 度，兩腿全蹲成歇步。同時左掌變拳屈肘抱於腰間，拳心向上；右拳隨身勢向右側前方沖擊，拳心向下。目視前方（圖 18）。

圖 18   圖 19

12. 仆步右穿掌

接上動作，起身，以兩腳為軸，體向右轉 180 度，右腿向前提膝，腳面繃平。同時兩拳變掌，在胸前環弧，然後左掌由右腋下掏出，向左側直臂伸出，掌心向前，掌指向左；右手由左向右畫弧，再向左屈肘推掌，掌心向左，位於左腋前。目視左側（圖 19）。

上動不停，右腳向右落一步，左腿屈膝全蹲，右腿鋪平伸直，兩腿成右仆步。同時右手由左向右沿右腿內側穿至右腳前，掌心向前，掌指向右；左手隨身勢由內向左側斜上方擺出，掌心向前。目視右側（圖 20）。

圖20

圖21

13.虛步挑掌

接上動作，起身，以兩腳為軸，體向右轉 90 度，右腿微屈膝，左腳向前上半步，腳跟離地成左虛步。同時，左手隨身由上向前、向上挑掌，掌心向前，掌指向上；右手由外向內畫弧，然後向右後方甩成勾手。目視左手（圖21）。

圖22

14.收　勢

接上動作，左腳跟落地，以兩腳為軸，體向右轉 90 度，兩腳成併步。同時兩手由上向下再向上往下畫弧，然後兩臂下垂，兩掌變拳抱於腰間，拳心向上。目視左側（圖22）。

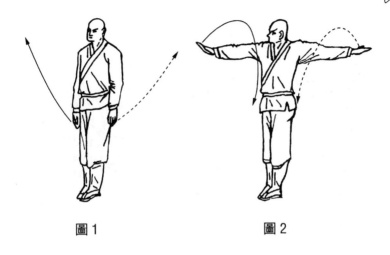

圖 1   圖 2

第二節　拳術動作組合之二

1. 預備勢

　　兩腳併步站立，身胸挺直，兩臂自然下垂，兩掌貼於大腿外側。目視前方（圖1）。

2. 併步按掌

　　兩腳併步站立，兩手由下向外、向上展臂側伸，掌心向上，掌指向外，同時頭向右擺。目視右側（圖2）。

　　接上動作，兩腳不動，兩手由外向內往下畫弧，然後兩臂下垂，屈肘按掌，掌心向下，同時

圖 3　　　　　圖 4　　　　　圖 5

頭向左擺。目視左側（圖 3）。

3.右歇步挑掌

右腳向前上半步，落於左腳前外側，使兩腿成插步。同時兩手由外向內運行，在胸前成十字手，掌心向裏，兩腿微蹲。目視前方（圖 4）。

接上動作，兩腿向下全蹲成歇步。同時左掌由右向左運行，然後向左側前方抖肘挑掌，掌心向前；右掌向右側後方直臂擺掌。目視左手（圖5）。

4.上步單拍腳

接上動作，起身，兩腿成插步，兩手由外向內環弧（圖6）。

圖6

圖7　　　　　　　　圖8

　　上動不停，左腳向左開一步，使兩腿成開立步，同時兩手由內向外平展（圖7）。

　　上動不停，以兩腳為軸，體向左轉90度，右腿向前、向上彈踢，腳面繃平。同時右手向前、向上拍擊右腳面（響亮）；左掌變拳，抱於腰間。目視右手（圖8）。

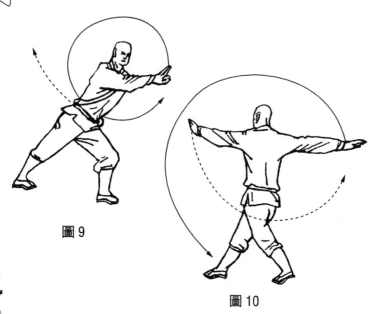

圖 9

圖 10

5.烏龍盤打

接上動作，右腳下落左腳前一步，左腿屈膝
微蹲，右腿蹬直，使兩腿成左高勢弓步。同時左
拳變掌，由內向外往內畫弧，然後端入腰間；右
手由上向下拍打，臂與肩平，掌心斜向下。目視
右手（圖 9）。

上動不停，以兩腳為軸，體向右轉 180 度，
兩腿成插步。同時右手隨身繞頭上畫弧，然後向
右展臂擺掌；左手隨身向左側撩打。目視左側
（圖 10）。

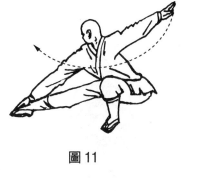

圖 11

圖 12

　　上動不停，以兩腳為軸，體向左轉180度，右腳向右開一步，鋪平伸直，左腿全蹲，兩腿成右仆步。同時兩掌由外向內運行畫弧，然後右手向右側前方拍打右腳掌，左手向左側後上方撩手，上體向右前俯。目視右手（圖11）。

6. 掄臂砸拳

　　接上動作，起身，兩腿微屈。左掌變拳，屈肘向右盤打；右掌由外向內橫插，掌停於左腋下，掌心向外。目視左拳（圖12）。

　　上動不停，以兩腳為軸，體向左轉90度，右腿向右側提膝。同時右掌變拳，由內向下、向

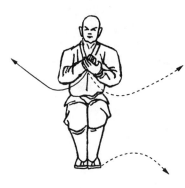

圖 13   圖 14

外、向上舉臂亮拳，拳心向裏；左拳隨耳由右向
左繞頭上向外、向下伸臂撩擊，拳心向後。目視
前方（圖 13）。

　　上動不停，右腳下落於左腳右側與左腳成併
步。同時左拳變掌，與右拳在胸前下方砸擊，兩
腿微蹲。目視右拳（圖 14）。

　　7. 馬步雙沖拳

　　接上動作，左腳向左開一步，兩腿半蹲成馬
步。同時左掌變拳，與右拳由內向外展臂沖拳，
拳心向下。目視左側（圖 15）。

　　上動不停，兩腳不動，上體稍向左轉，兩掌

圖 15

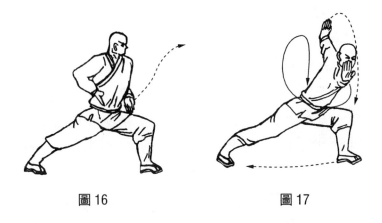

圖 16　　　　　　　圖 17

端於腰間，掌心向上。目視左側（圖16）。

　　接上動作，兩腳不動，左腿半蹲，右腿蹬直，兩腿成左弓步。同時，兩掌隨身相對運行，然後抬右手向前直臂推出，掌心向前；左掌向後伸臂撩掌。目視右手（圖17）。

8.收　勢

收左腳與右腳成併步，同時兩手向胸前環弧，然後向下再向上繞頭兩側向下畫弧，身胸挺直，兩臂下垂，抱拳於腰間。目平視。

第三節　拳術動作組合之三

預備勢

兩足併步站立，身胸挺直，兩臂自然下垂，兩掌貼於大腿外側，目平視。

1.弓步雙推掌

左腳向左開一步，以兩腳為軸，體向左轉 90度，左腿屈膝半蹲，右腿蹬直，兩腿成左弓步。同時兩手向前推掌，掌心向前。目視兩掌（圖1）。

2.上步右擺蓮腿

接上動作，左腳向後退半步，同時兩手向前環形畫弧，使兩臂環貼於胸前，兩腿微蹲，目視左側（圖2）。

圖1

圖2

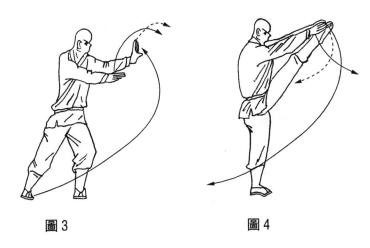

圖3   圖4

　　上動不停，左腳向前上一步，兩手掄臂向前推出。目視兩手（圖3）。

　　接上動作，右腳向前、向上彈踢，同時兩手向前拍擊右腳掌（響亮）。目視兩手（圖4）。

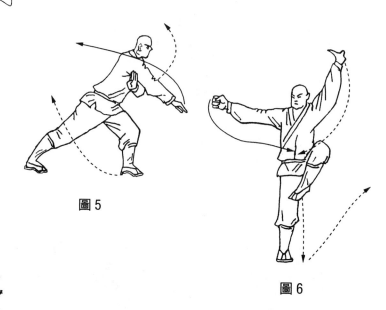

圖 5

圖 6

3. 提膝架劈拳

接上動作，右腳下落於左腳後，左腿屈膝，右腿蹬直，兩腿成左弓步。同時右掌向前方劈打，左手向內屈肘穿掌，位於右腋下，掌心向右。目視右手（圖5）。

接上動作，以兩腳為軸，體向右轉90度，左腿提膝。同時右掌變拳，由左向右上方畫弧，然後向右側劈打，高與肩平，拳心向前；左手由內向外畫弧，然後上架頭上左側，掌心向上。目視右拳（圖6）。

圖7

圖8

4. 踹腿劈掌

接上動作，左腳下落右腳左側一步，與右腳成併步。左掌由左側上方向下、向內與右拳在胸前相擊，然後抬左腳向左側上方踹擊；右拳變掌，與左掌同時向兩側展臂亮掌，上體向右側前俯。目斜視左腳（圖7）。

接上動作，左腳下落於右腳前一步。同時右掌變拳，向前沖擊；左掌由外向內畫弧，然後屈肘端於腰間。目視右拳（圖8）。

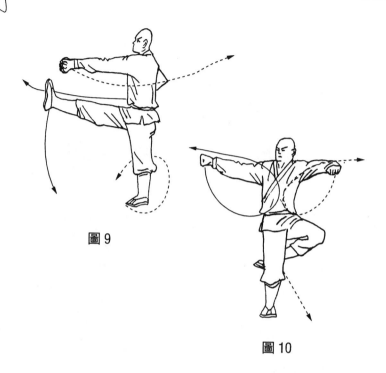

圖 9

圖 10

5. 彈腿崩拳

接上動作，左腳立地，右腿向前彈踢。右拳收回腰間；左掌變拳，向前沖擊，拳心向右。目視左拳（圖9）。

接上動作，右腳下落於左腳右側一步，支撐全身重量；左腿屈膝，腳掌背於右腿後。同時兩拳隨身向胸前畫弧，然後由內向外、向兩側展臂崩拳，拳心向下。目視前方（圖10）。

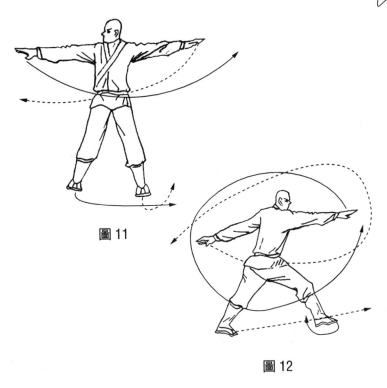

圖 11

圖 12

6. 跳步崩手

接上動作，左腳向左落一步，兩腿成開立步。同時兩拳變掌，由外向內環弧，然後由內向兩側崩掌，兩掌心向下。目視右側（圖 11）。

接上動作，兩腳向左翻身跳步，右腳落於左腳前，同時兩手隨身由外向內環弧，然後由內向前後展臂崩手。目視右手（圖 12）。

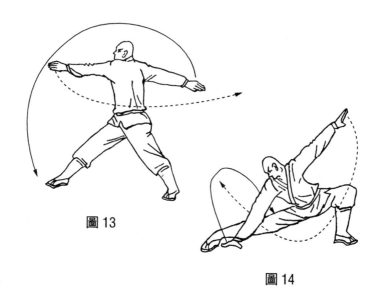

圖 13

圖 14

7. 仆步掄臂按掌

上動不停，左腳向前上一步，以兩腳為軸，體向右轉 180 度，兩腿成大開立步。同時兩手隨身上下環弧，然後向前展臂擺掌。目視左手（圖13）。

接上動作，以兩腳為軸，上體左轉 90 度，左腿全蹲，右腿鋪平伸直，兩腿成右仆步。同時兩手隨身勢掄臂一周，然後右手向右側前下方按掌，左臂向左側後上方撩手。目視右手（圖14）。

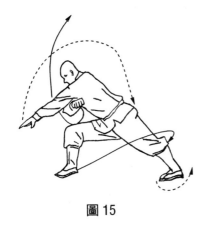

圖 15

圖 16

8. 舉腿展臂平衡

接上動作，起身，右腿半蹲，左腿蹬直，兩腿成右弓步。同時左掌由後向前穿掌，右拳屈肘橫擊，落於左腋下，上體向右側前俯。目視左手（圖 15）。

接上動作，以兩腳為軸，體向左轉 180 度，右腿向前提膝。同時右拳舉臂向上沖擊，左掌端於腰間。目視左側（圖 16）。

接上動作，右腳下落於左腳前半步，左腳向前震腳，與右腳成併步。同時右拳與左掌在胸前

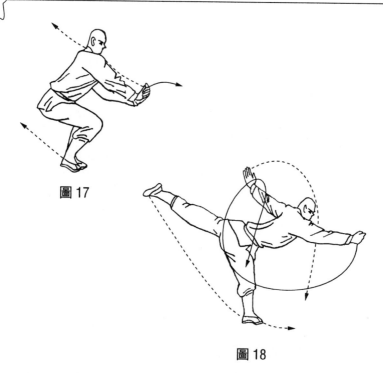

圖 17

圖 18

相擊（響亮），兩腿半蹲。目視兩手（圖 17）。

接上動作，左腿向後翹直，上體前俯，兩臂向兩側伸展，保持平衡，完成動作後保持 1 分鐘。目前視（圖 18）。

收　勢

左腳下落於右腳前，與右腳成併步，右拳變掌，與左手同時由外向內畫弧，然後兩臂下垂，兩掌貼於大腿外側。目視前方。

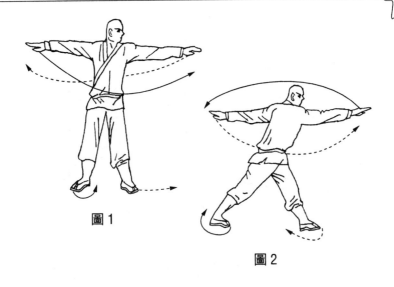

圖1

圖2

第四節　拳術動作組合之四

預備勢

兩腳開步站立，兩臂下垂，兩掌貼於大腿外側，身胸挺直，目平視。

1.掄臂仆步雙穿掌

左腳向左開半步，兩手由下向上、向內畫弧，然後再由內向兩側展臂亮掌，目視左側（圖1）。

接上動作，左腳向左開半步，兩腿成大岔步。同時右手由右向左、左手由左向右掄臂擺掌。目視右手（圖2）。

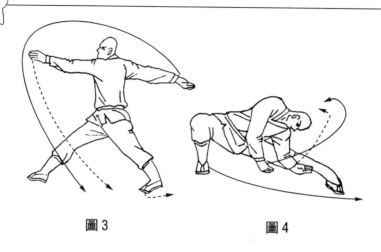

圖3   圖4

接上動作，以兩腳為軸，體向右轉180度，兩腿大岔步。同時右臂由左前方向後、左臂由右後方向左掄臂擺掌。目視左手（圖3）。

接上動作，以兩腳為軸，體向左轉90度，右腿全蹲，左腿鋪平伸直，兩腿成左仆步。同時左手向左、右手向右掄臂向胸前下方穿掌（圖4）。

2.前點步勾手挑亮掌

接上動作，起身，右腳向前上一步，以兩腳為軸，體向左轉180度，兩腿半蹲成馬步。同時兩掌隨身向前推出，兩掌心向前。目視兩手（圖5）。

接上動作，上體左轉90度，左腳向前上一

圖5

圖6

步，以兩腳為軸，體繼而左轉 90 度，使兩腿成馬步。同時兩手隨身左轉而環弧，由外向內於胸前交成上插手。目視右側（圖 6）。

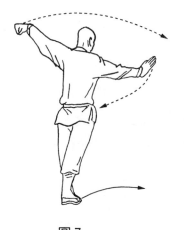

圖7

　接上動作，以兩腳為軸，體向右轉 180 度，左腳落於右腳前成左點步。同時右手經胸前向右側挑掌，左手由胸前向左側甩臂成勾手。目視右側（圖 7）。

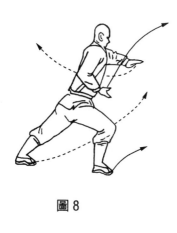

圖 8

圖 9

3. 騰空擺蓮

接上動作，右腳向右上一步，屈膝半蹲，左腿蹬直，兩腿成右弓步。同時左勾手隨身向前屈肘擺掌，右手停於腹右側前方。目視左手（圖8）。

接上動作，兩腳同時向前、向上躍起，同時右手舉臂向上，掌心向上；左手向左後側展臂亮掌，目視左後側（圖9）。

接上動作，兩腳向前落地，右腳落於左腳前一步，屈膝半蹲，左腿蹬直，兩腿成右弓步。同時左掌隨身向前穿掌，右掌垂臂向後按掌。目視

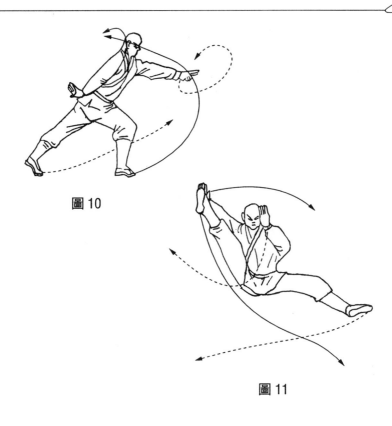

圖 10

圖 11

左手（圖 10）。

　　接上動作，抬起兩腳向左轉身同時向上翻跳，當全身騰空時，出右手向上、向前拍擊右腳面（響亮，圖 11）。

　　4. 烏龍盤打

　　接上動作，兩腳向下落地，左腳向前上一步屈膝半蹲，右腿蹬直，兩腿成左弓步。同時左手

圖 12

圖 13

少林
武術基本功

向前直打，掌心向下；右掌向後展臂擺掌，掌心
向下。目視左手（圖12）。

　　接上動作，兩腳不動，左掌由前向後、右掌
由後向前掄臂拍打，目視右手（圖13）。

　　接上動作，以兩腳為軸，體向右轉180度，

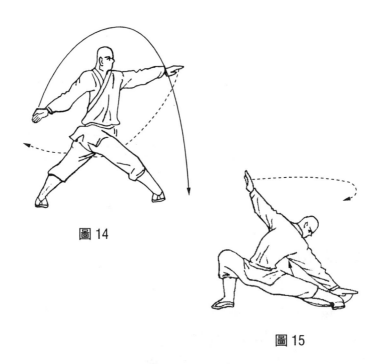

圖 14

圖 15

兩手隨身右轉，繞頭向前後掄打。目視左手（圖
14）。

　　接上動作，以兩腳為軸，體向左轉 90 度，左
腿屈膝全蹲，右腿鋪平，兩腿成右仆步。同時右
手向前、向上繞頭再向下拍打，左手由前向左側
後上方擺臂撩打。目視右手（圖15）。

　　5.右弓步上沖拳

　　接上動作，起身，右腿屈膝半蹲，左腿蹬

圖 16　　　　　　　　　　　　圖 17

少林
武術基本功

直，兩腿成右弓步。同時左掌由後向前、向上架
於頭左側，右掌屈肘端於腰側（圖16）。

接上動作，兩腳不動，右弓步不變，上體向
左稍轉。右掌變拳，舉臂上沖；拳心向前，左掌
屈肘停於右腋前。目視前方（圖17）。

收　勢

以兩腳為軸，體向左轉90度，右腳向前上一
步，體繼續左轉，收右腳與左腳成併步。右拳變
掌，與左掌同時向胸內運行，然後向外、向上再
往內、往下畫弧，兩臂下垂，兩掌貼於大腿外
側，身胸挺直。目平視。

第四章　器械基本技法

　　器械是武術的重要組成部分。器械在古戰爭中的作用勝於拳，因此，武術器械在古代發展較快。少林武術中的器械（古稱兵器）多達二百三十餘種，但今天武林常練的僅有槍、刀、劍、棍、大刀、樸刀、九節鞭、拐、匕首等不過十餘種了。各武術流派所練的器械大都與各自的拳術風格相近，如少林門各種器械的技法都是在少林拳術技法的基礎上發展起來的，同樣保持運動形式一條線、突出攻防實戰、不講究花架子的風格特點。

第一節　槍　　術

一、概　　說

　　槍在古代又稱矛、槊或稍。槍的尺寸不同，有長槍、短槍，還有張飛用的丈八蛇矛。槍在古戰爭中佔有很重要的地位，有「槍為百兵之王」

之說。歷代名將、志士，有不少喜歡練槍，且精槍術者甚多，如三國的張飛擅施丈八蛇矛，趙雲一杆槍在長坂坡殺敗曹兵上萬，唐代秦瓊在李世民與王世充交戰中單槍破敵，宋代有楊家槍，明代戚繼光重視梨花槍的技術研究等，都證明槍在中國古代的價值。

槍術在民間流傳，長盛不衰，至今對人民的健身壯體仍大有益處。

少林槍術的套路很多，如楊家槍、羅家槍、十三槍、三十六槍、三十一槍、四十七槍、六合槍、烏龍槍、紐絲槍、對花槍、少林雙槍等。

槍術的主要技法有挑、攔、點、絞、刺、紮、拿、崩、劈、穿、纏、撥等。

二、基本技法

(一)槍紮一條線

槍法中「紮槍」是槍的主要技法，若紮槍技法練成，則槍技已成功百分之八十，當然也需要攔、崩、絞、點、穿、纏、撥等其他技法的密切配合。因此，練槍術必須在紮槍上下苦功。

練紮槍，首先練出槍之法，出槍必從腰出。

武諺中的「槍不離腰」「出收都環腰」「槍是纏腰鎖」等，都說明紮槍、收槍與槍不離腰密不可分。槍從腰間發出，才能穩妥而出，才能有宏力所達，紮傷對方要害部位，也才可以避免槍在行紮中的浮動。收槍也要回到腰間，才利於之後再從腰間紮出。

另外，出槍時還要做到直線向前，使全身力量通過槍桿貫達於槍尖，向前直線、快速、重力紮出。紮槍時更要注意手足身眼步法的協調配合，特別是挺腕、順肩、擰腰、伸後腿、蹬後腳，宜於產生重力。紮槍時不僅要發揮重力，而且要快，達到閃電般的寸勁，速紮速收。正如前輩所說的「去如箭，來如線」。

出槍還要講究兩腕與臂、身、足的密切配合，如臂以助腕，身以助臂，足以助身，合而為一。紮槍時還要做到三尖相照，即上照鼻尖、中照槍尖、下照腳尖，使三尖在一條線上，才能使全身之力集中於槍尖，絲毫不偏地直紮於目標。

(二) 保持四平

持槍的姿勢貴在保持四平，即頂平、肩平、槍平、腳平。頂平是指持槍、紮槍時必須頭正頸

直，以便充滿精神，兩目全神貫注，使槍出紮準。肩平是指在持槍、紮槍時必須做到沉肩墜肘，才能保持肩平，肩平才能身正，身正才能達到全身姿勢穩固，勢穩才能使槍法靈活多變、百發百中。

槍平是指兩手與槍尖必須成一條直線，才能達到槍紮快速有力。腳平是指兩腳用力踏地，全腳著地實而無虛，前腳不可提鬆，後腳不可移動，這叫下盤穩固在根。下盤穩，才能保持全身正、紮槍平。另外，在持槍時須注意兩腿屈膝，屈膝方能降低身體重心，使下盤更穩固。

(三)槍法活躍

武諺說「槍似游龍」，表明行槍應收放自如，靈活多變。行槍不可呆板，要達到進如風、退如梭，剛柔相濟，虛實兼用。少林兵器總譜云：「出槍如閃電，紮槍如旋鑽，收槍似螺旋，繞槍如火線。」既指明槍之技術要領，又提示行槍活躍之訣。

要行槍活躍，還必須做到在行槍時三尖對照，使全身之力凝集於槍尖，勿使槍上下波動、左右搖晃，更不可忽視手足身眼步法之協調，尤

其是眼神。武諺說：「眼注紮點，先探點而後紮槍。」還說：「眼神奕，紮力則猛；眼無神，紮之如空。」此乃強調了紮槍與眼神的密切關係。

(四)繞圈適中

《手臂錄》中云：「槍總用之則為一圈。」所謂「圈」，是指槍頭常成圓線或弧線運動。槍術中說的圈，有大圈、小圈、整圈、半圈、左半圈、右半圈、上半圈、下半圈之分。半圈為弧線，整圈則為圓線。

練槍法，離不開圈。如攔槍，是槍頭繞左半圈；拿槍，是槍頭繞右半圈；纏槍，則是槍頭繞整圈。善於用圈，將其貫穿於槍技諸巧法之中，才能將槍技練精。

第二節　刀　術

一、概　說

刀在遠古時期為主要兵器，原始社會用石刀、骨刀，後逐漸發展成竹刀、鐵刀、銅刀、鋼刀，直至今日的不銹鋼刀。

少林
武術基本功

　　刀的用途也由原始部落的用於狩獵和生活發展到用於戰爭，特別是兩軍短兵相搏時更能發揮刀術之作用，顯出刀在戰場上廝殺的威力。

　　春秋戰國時期，軍家就已重視刀械，曾有刀劍交錯之說。漢代，兩軍短兵相接時，刀是主要武器。晉代，對刀的使用更加發展，有左手運刀、右手執矛能英勇殺敵的將領。唐代，出現了陌刀，有揮刀可殺數人者，更有舞刀劍能制百人者。可見刀術是在我國民間及軍旅中經過數千年的艱苦實踐逐漸發展起來的。

　　隨著火器的發明，雖然在戰爭中刀的威力減小了，但就今天而言，在常規戰爭中，刀在兩軍短兵相搏時仍有殺傷作用。今天練武術所用之刀，僅模其形而不刻刃（稱表演刀），為演練其技所用。

　　武術練功用刀的種類有單刀、雙刀、馬刀、長刀、短刀、九環刀等。

　　刀術主要的技法有劈、砍、削、斬、紮、抹、雲、挑、點、崩、撩、纏頭、裹腦等。其運動特點是勇猛快速、激烈奔騰、緊密纏身、雄健悍。少林刀術的優秀傳統套路有少林單刀、梅花刀、燕形刀、四門刀、五虎群羊刀、醉刀、六合

刀、少林雙刀等。

二、基本技法

　　少林刀術是在少林拳技的基礎上發展起來的，其特點是起橫落順、運動一條線、勁宏勢猛、快速敏捷、行如長龍、跳如豹竄、變幻無窮、快如閃電、纏頭裹腦、護首斬首、剛柔相濟、虛實兼用、刀手配合、緊湊無隙、攻防兼備、優越無比。

　　現將刀術具體技法分述如下。

(一)勁力勢猛，剛柔相濟

　　刀術技法之精在於勁力與技術的密切配合，兩者缺一不可。單有勁力而無技術者，不僅不能制人，反而會被人制；單有技術而無勁力者，會導致攻而不勝、防而不成。所以說練刀之術，必先練其勁力，然後練其技術。兩者密切配合，方能成為高手。

　　武諺說：「短兵相搏宜用刀，遠距制敵宜用矛。」短兵相搏之時，用刀不僅要神速，而且在接近對方之後，還要有宏力雄勁，以剛猛之勢砍之或劈之。刀諺說：「氣勢勇猛，精神勇往，身

步靈活，剛柔相濟，迅疾如風，無不取勝矣。」

少林拳械素有攻防兼備之特點，刀術更是如此。如雲刀、纏頭裹腦、舞花等動作，都是防肚腹以上部位，特別是防咽喉至頭部，免遭對方兵器所傷。

刀技之法還有剛柔相濟之妙。一般說來，防則宜柔，攻則宜剛；起出則柔，落點則剛。剛柔相濟含猛中，勢猛之中含剛柔。

(二)眼快手捷，虛實兼用

刀在古代戰爭中佔有重要地位，在兩軍相戰、決定生死的技擊搏殺中積累了「短見長、不可緩」的寶貴經驗。

練刀術者要眼快手捷，以迅雷不及掩耳的速度向前進攻，靠近對方，充分發揮砍、劈技法，達到持短入長之制敵目的。

諸武家先師常有「刀走黑」的說法，實際是指明刀法的玄妙之處，妙在奇詐詭秘、人莫能測。具體說來，就是練刀、用刀時，在左右跳躍中巧妙地利用虛和實。有時虛，有時實，虛虛實實，實實虛虛，虛實兼用，變化無窮，使對方感到攻無著、防無策、攻進模糊、遲疑不決，從而

利於攻破對方、戰勝對方。

(三)持短入長，跳躍超距

刀因械短，須設法入長。為了達到持短入長、制服對方的目的，就要採用「倏忽縱橫」、跳躍超距的方法。

武諺說，「短見長，腳下忙」，就是強調在演練刀術或面臨對手時，要善於跳躍、超速、超距離，搶時間靠近對方，發揮刀的特長。

跳躍超距是刀術成功與否的重要因素。舞刀者的重要招式如纏頭裹腦、劈刀、崩刀、砍刀、紮刀等。大都在跳躍、奔走、騰跳中完成。刀術之跳躍超距方法不僅在古代戰爭、短兵相搏時發揮很大作用，而且對今天練此技術者也有很大的健身價值。

(四)刀與身手密切配合

少林拳譜說：「單刀看手，雙刀看走，大刀看定手。」單刀看手，是指看閑手。練刀時，不拿刀的左手（閑手）與右手互相配合，不僅有助於身軀四肢在刀術運動中的和諧動作，而且也有助於刀技所需力量的發揮。這就需要刀與手密切

配合。

「纏頭裹腦」是刀術中的重要招式之一，其作用是以防為主，運動時要求刀、手、身三者密切配合，刀背靠身，閑手的開合與刀的纏裹要協調一致，才顯得緊湊無隙、攻猛防嚴。

第三節　劍　術

一、概　說

劍術源於商代以前。劍質由竹劍、鐵劍逐步發展到今天的不銹鋼劍。劍術最初主要用於格鬥，歷史上一直被軍旅所用，具有重要的殺傷作用。尤其將帥喜歡佩劍，故有「劍為百兵之帥」的說法。

隨著劍術在民間的廣泛流傳，劍已不單是為戰爭軍旅所用，它逐漸分化出舞劍之形式，成為民間健身壯體的體育運動項目之一。

轉化為體育項目的舞劍，不僅注意健身，而且還注意姿勢的優美，給人一種藝術欣賞享受。劍術發展到唐代，有人舞雙劍，還譜有劍曲，把舞劍技藝又向前推進了一步。一些文人也對舞劍

產生了興趣，不僅揮筆作詩，而且還能舞劍，可謂文武雙全。

劍術在我國漫長的封建社會裏，有著複雜的變化和曲折發展。除用於軍旅在戰場上廝殺外，社會上逐漸出現了強烈的技擊和競技意識。擊劍成了一種競賽形式，佩劍成為一種時尚。所以有專修劍術者，多數則出門和貿易時佩劍作自衛防身之用。

到了明代，劍術有較大發展，不僅在軍旅中普及，而且民間也很興盛。如卞莊子之紛絞法、王聚之起落法、劉先主之顧應法、馬明王之閃電法、馬起之出手法，五家之劍各有所長。

近代劍術雖發展流派眾多，但大都作健身之術或適宜武術表演。現代常見的劍術流派有太極劍、武當劍、少林劍、木蘭劍、峨嵋劍、八極劍等，劍術套路有三才劍、達摩劍、七星劍、青龍劍、火龍劍、青萍劍、螳螂劍、八仙劍、乾坤劍、雲陽劍、五堂劍、二堂劍、鎮山劍等。

劍術的技術要點有劈、挑、架、點、撩、刺、穿、截、掛、雲、抹、絞、帶、崩、腕花等。劍術的運動特點是輕快灑脫、身法矯捷、剛柔相濟、富有韻律。

二、基本技法

(一)輕快敏捷

劍與刀雖都是短兵器，在運動形式上都具有條忽縱橫、在攻擊時都具有以短乘長的特點，但二者的主要技法卻有明顯的區別。「刀走黑，劍走輕」，刀主劈、砍，而劍主刺、點、崩、絞，兩者截然不同。

劍術最突出的特點，亦即技術之重點，是輕快敏捷。劍之力點貫在劍尖和劍之前端（因前端是兩面刻刃），所以，舞劍時要特別注重輕快、敏捷，充分發揮劍之刺、點、崩、絞、截、斬的技擊作用。

(二)剛柔相濟

劍術的技法主要在勁力，劍術勁力的法則是有剛有柔、剛柔相濟。劍術勁力的運使是柔中含剛，或以柔帶剛，或剛中見柔。以劍出擊時，要求敏捷、輕快、疾速，劈刺中要以柔而化剛，力達劍擊著之部位。

在劍術訓練或舞劍時，要處理好剛與柔的關

係，充分發揮劍器輕快、敏銳的特點，盡力達到劍力順達、行步輕快、騰躍瀟灑、敏捷速疾、剛柔相濟、栩栩如生的效果。

(三)把腕靈活

劍術的各種技術動作都是由正確、靈活的把和腕的技巧來完成的。執劍的手稱把，把的技巧則成為把法，常見的有螺把、鉗把、刁把和蒲把等。劍術中的種種招式、動作，如刺、點、截、穿、崩、絞等動作，都是由準確、靈活多變的劍把技巧來完成的。

把法在劍術中佔有重要地位，它與執劍手的指、掌、腕的轉展收握相關。因此，初學劍術者在平日要經常演練劍把，使之靈活多變，再結合刺、崩、點、劈等重要動作，使劍把與執劍手、掌、腕的轉展協調配合，才能達到劍技要求。

劍術中常有腕花、剪腕花等動作，也稱劍花。劍花在劍術套路中起著連接招式和飾美的作用。腕花動作需要指、掌、腕密切配合，執劍手的指、掌、腕部要靈活，如點、崩、纏、截的勁力技巧在於用腕，掛劍須扣腕，回身劈劍須旋腕等，都依靠腕的靈活、腕的技巧而達到技術的要

求。

(四) 節奏生動

節奏指劍技的動作所表現的氣韻和氣度。劍氣宏大、灑脫自如，是衡量劍技的尺準。在劍法中，剛柔、張弛、輕重、伸縮、起落，移步換形、招式迭呈、劍花等都是構成節奏的基本因素。要達到節奏生動，必須在學練時強調劍把與劍指的協調，強調身法與技法、身法與節奏、劍技與意識等密切配合。

劍諺中的：「似飛鳳翱翔天空」，就指出劍法。舞劍應力求節奏生動，富有音樂的旋律。

(五) 劍　指

劍術分單劍和雙劍兩種。練單劍時，一手握劍，另一手則成劍指，與持劍手的種種技法密切配合。劍指與劍技的協調配合，不僅利於攻防，而且也增強了劍姿的美觀。

劍指的握法：左手的食指、中指併攏伸直，無名指、小指內扣，然後再握拇指，使拇指末節扣壓在無名指和小指的末節上，使拇指與無名指、小指握扣成空心，即圓空形劍指。

　　劍指要握得自然、靈活，伸收自如，始終與劍法相協調，切忌生硬、呆板。常見的劍指用法有穿指、架指、護腕、護把、護肘、附胸、順劍體、側展指等。

第四節　棍　術

一、概　說

　　棍（又稱棒），是我國古代最早的兵器之一。有木棍、銅棍、鐵棍、不銹鋼棍，今天武術界大多用白蠟杆代之。

　　棍在古代因時代不同，亦有不同的叫法，如殳、棓、杵、棒等，其實都是棍的異名。從其形狀來分，有梢子棍、三節棍、二節棍等不同名稱。棍之長度，有四尺、五尺、丈二，還有以練武者的身高而定者，如與頭齊、與眉齊等。

　　棍器因有取之易、用之便、用之廣的特點，所以歷代都較受歡迎。直到今天，棍術在武林還深受喜愛，甚至傳至全世界。

　　少林拳譜中有：「挪挪棍法之祖」之說，說明元代的少林寺燒火僧緊挪羅（後尊為緊挪羅王

或挪挪斧），是少林棍術的創始者。

此說源於一個傳說：元末明初時，紅巾軍路過嵩山北麓的參駕店，直接威脅著少林寺的安全，緊挪羅單人獨馬，持一根燒火棍，以非凡的武藝打敗了紅巾軍。這一段神話故事，從此譜入少林寺史冊，成為美傳。

後人為紀念他，專在少林寺建造了緊挪羅殿，塑有手握燒火棍、赤足裸背、腳踏兩峰的高大神像，至今尚存。歷代武僧和少林拳譜都有「緊挪羅創少林棍」之說，流傳至今。

明代的《少林棍法闡宗》一書，說到「棍宗於少林」，說明棍術與少林寺之淵源關係。《紀略》一書有載，明代著名武術家程沖斗曾跟少林寺和尚洪轉學棍術。明代棍術興盛，陸續出現了很多棍術套路，如少林棍、俞家棍、青田棍、巴子棍、紫薇棍、張家棍、騰蛇棍等。

少林棍的內容更為豐富，據《少林兵器總譜》記載，常練的有鎮山棍、陰手棍、排棍、五虎群羊棍、達摩棍、齊眉棍、上沙排棍、下沙排棍、細女穿線棍、六合棍、燒火棍、大夜叉棍、小夜叉棍等。

武諺說「棍打一大片」，看來「打」是棍術

的主要技法。其具體技法有掃、戳、擊、崩，
絞、架、點、撥、雲、挑、格、掛、劈、掄等。
棍術的運動特點是勇猛潑辣、橫打一大片、密集
如雨、氣勢恢弘。

二、基本技法

(一) 棍打一大片

「棍打一大片」是棍術的主要技法，具體說
是透過掃、掄、劈、戳等技法來體現打一大片
的。棍打一大片的另一含意，是體現棍一出手便
勢如猛虎。

不僅向前攻擊面大，上可掄下可掃，而且左
右可戳，中部可攔，向後可搗，持長也制短，持
長更入長，左右前後各打一片。

總之，棍術的招招式式，都能表現出其勇猛
潑辣、勢如霹靂的風格。

(二) 梢把兼用

棍者，大頭稱把，小頭稱梢。在棍術中可以
把梢兼用，其致傷力相同，表演效果亦相同。梢
能戳，把亦能戳；把能打，梢亦能打。此乃棍器

的用途特點。

握棍者亦可左右兼顧，能遠能近，前後貫通，靈活多變。掄棍之中，不分把梢。梢在前，用梢戳；把在前，可戳把。當身後遇敵，把在後用把搗，梢在後用梢搗。左右掄打，上雲下掃，把梢亦同。

在棍法中，一般說來，挑、戳、蓋時，橫擊多用把端，亦可用棍梢；劈、掃、掄、撩時，多用棍梢擊打；絞、格、雲、撥時，則把梢互用。

初習棍者，不僅要學好棍術的基本技法，而且要掌握棍術的規律和變化特點，由慢到快，反覆演練才能把梢運用自如，達到攻時勇猛潑辣、勢不可擋，防時密集如雨、針械難入的程度。

(三) 握把靈活

棍的握法又稱把法。把法正確與否，關係到棍技之高低。把法有陽把、陰把、滿把、陰陽把、活動把之分。

掌心向下者稱陰把，掌心向上者稱陽把，全手握棍者稱滿把，兩手在棍體中來回移動者稱活動把（亦稱移把或滑把）。把法要練至純熟、靈活，才能使棍法迅速多變，發揮密集如雨、雲絞

縱橫、掄打如雷的風格和威力。

棍分棍身、棍梢、棍把三部，在棍法運動中是梢、身、把三者互用。故變化多端，能使棍法靈活縱橫、劈打一片、氣勢勇猛、栩栩如生。若要達到此效果，棍之握法（即把法）為第一要素。因此，練棍術，特別是初學練棍者，首先要重視把法。切記對把法要勤練、認真練，練至嫻熟，能靈活多變。

(四) 長短兼施

棍屬長器械，不僅要發揮入長之優，而且還要善於入短，把長變短，近能制敵，則為能長能短、長短兼施。

在棍法中，遇長則用遠擊法，如掄、劈、掃、撩等招，需用快速閃擊之法；遇短則用點、崩、戳、壓、格等招，為近身攻防法。

當遭到對方臨近襲擊時，可以梢把互用或用滑把技法給予近擊。在棍對棍或棍對其他器械的交戰中，急則用把法伸縮變換，即變長打為短擊；緩則以退步而避之，即變短為長，再以長攻之。兩者可視敵情互用，則為長短兼施矣。

第五節　少林稀有器械

　　據《少林兵器總譜》記載，少林寺武僧演練的兵器多達二百二十多種，可見器械在少林武術中佔有相當重要的地位。

　　除本章一至四節介紹的槍、刀、劍、棍這些最常用的武術器械外，還有很多稀有器械，如大刀、樸刀、月牙鏟、鑰、鉤、叉、匕首、九節鞭、杖、三節棍、圈、斧、拐、梢子棍等，也被武家喜練。本節僅選十餘種，給以概要介紹，供讀者參考。

一、春秋大刀

　　春秋大刀屬於長器械之一。據《少林十八般武藝》記載，「三國時，關公善練此刀，武藝超群，技法神捷」。宋代福居和尚借邀全國十八家武師演技之機將春秋大刀匯入少林拳譜，教眾僧演練，流傳至今。春秋大刀的套路有一路春秋大刀、二路春秋大刀、大刀破槍等。

　　春秋大刀的主要技法有劈、斬、撩、砍、撥、架、背、雲、舞花等。武諺說的「大刀看定

手，技法看斬首」，指明不拿刀的手要與手拿的刀協調配合，才能使技術更加完美。

二、月牙鏟

月牙鏟，也稱方便鏟，還有稱智深鏟的。據傳，在宋末傳入少林寺。其主要技法有鏟、趕、撩、切、劈、搗、架、雲、舞花等。主要套路有魯俠鏟、方便鏟、達摩鏟等。

三、三股叉

據《少林兵器總譜》記載，於宋末傳入少林寺。主要套路有飛天叉、少林神叉、九環叉等。技法與槍法大致相同，有紮、挑、刺、劈、撩、叉、架、撥、舞花等。

四、九節鞭

九節鞭屬軟器械之一，是民間長期、廣泛流傳的民族傳統武術器械。舞鞭有單鞭、雙鞭之分，另有刀裡加鞭、草鐮破鞭等套路。

九節鞭的套路有黑虎鞭、四門鞭、趕山鞭、火龍鞭、飛龍鞭等。九節鞭的技法有甩、攔、纏、滾、拉、抽和舞花等。

五、鐧

鐧屬於短器械之一。其種類有鴛鴦鐧、子午鐧等。其技法有掛、刺、劈、掄、崩、掠、削等。其套路名稱有子午鐧、鴛鴦鐧、梅花乾坤鐧、仙女散花鐧等。

六、鉤

鉤屬短器械之一。一般是練雙鉤，又名護手鉤。套路有護手鉤、黑虎鉤、虎頭鉤、梅花鉤、乾坤鉤。鉤的技法有勾、掛、摟、掠、架、拉等。

七、匕 首

匕首也稱小刀，有雙匕首和單匕首之分。匕首在古戰爭短兵相搏時用途很大，殺傷力強。

常用的技法有刺、紮、掠、畫、斬、撩、戳等。套路有單匕首、雙匕首、空手奪匕首、兩人對刺等。

八、拐

拐是短器械之一。在民間流傳的套路有如意

拐、梅花拐、八仙拐等。拐的技法有推、拉、
纏、劈、戳、攔、撩、打等。

九、杖

杖亦屬短器械之一。原為老人或殘疾人日常
扶助行路的工具,漸漸轉變為自衛防身的武器,
尤其在少林寺院內頗為流行。其套路有達摩杖、
金禪杖、護法杖和打虎杖等。杖的技法有打、
劈、戳、架、纏、撥、絞等。

十、錘

錘,又稱銅錘,屬短器械之一,在古戰爭中
佔有一定地位。由於演練銅錘活動量大,有較強
的健身價值,在民間很受歡迎,故流傳至今。常
練的套路有黑虎銅錘、八楞銅錘、八仙銅錘等。
其技法有砸、捶、擂、擋、壓、架、掄、劈等。

十一、梢子棍

梢子棍屬於長器械之一,在民間流傳較廣。
按種類有長梢子、短梢子、單梢子、雙梢子之
分。這裏所說梢子棍,一般專指長梢子。

其套路有少林梢子棍、梢子棍破槍、梢子棍

戲獅等。其技法有劈、絞、搗、撩、掃、架、
掄、舞花等。

十二、圈

　　圈，屬於手器之一，亦有金鋼圈之說。圈的
套路有金剛圈、梅花圈、八仙圈等。其技法有
套、拉、掠、畫、頂、架、掄、舞花等。

第五章 散手基本技術與訓練

第一節 散手概述

　　散手，又稱散打，屬於武術格鬥（或技擊）的項目之一。是兩人按照規則，使用拳打、腳踢、摔等技擊方法的格鬥。

　　早在古代，就有了散手活動。因時代不同，有不同的稱呼，如稱角力、相搏、手搏、卞、弁、白打、拍張、搶手等。

　　少林寺古拳譜記載有「打擂秘訣」，其內容完全是說散手的技法及制勝的口訣，特別提出「打擂要取勝，三秘刻心中」，「三秘」指智、技和力。上了擂臺，若始終牢記智、技、力三者密切配合，定能百戰百勝。

　　在舊中國時期，散手已開始發展，如 1928 年 10 月中央國術館在南京舉辦「第一屆國術國考」，對參加競賽的選手實行散手雙淘汰制，三打兩勝。1933 年 10 月又在南京舉行了「第二屆國

術國考」。少林寺的劉經文代表少林寺參加了這次競賽，榮獲次重量級第一名，為少林寺增得了武光。舊中國的多次散手競賽，由不戴護具、不計時間、不分重量，逐步發展到分組、按體重分級，並帶上護具，頭和襠部定為禁區，將對方擊倒為勝一次，三局兩勝，與今天的散手競賽規則已很接近。

新中國成立後，黨和政府十分關懷武術事業的發展。1979 年 3 月，國家體委決定在浙江體委、北京體育學院和武漢體育學院三個單位進行武術對抗性專案的試點訓練。同年 10 月，在第四屆全運會上將散手列為表演。

1981 年 5 月，在瀋陽舉行的武術觀摩會上，由北京體院和武漢體院的散手代表隊進行了第一次公開表演比賽。1983 年召開了全國散手規則研究會，完成了散手競賽規則初稿。此後，在北京舉行了全國十個單位武術散手邀請賽。從此散手運動及散手競賽在全國迅速發展起來，成為我國很具吸引力的武術專案。

1988 年在深圳舉行的國際武術節散手比賽中，我國散手運動員以出色的技術挫敗群雄，昂矗擂臺之上。

由國家體委武術研究院為龍頭，在全國武術界同仁的密切配合下，總結 1979～1988 年十年的散手實踐經驗，探索出一套發展武術散手運動的有效方法，故於 1988 年 10 月，散手運動被國家體委正式確定為國家體育競賽項目。同年 10 月，在江西宜春市舉辦了全國第一屆武術散手擂臺賽。1990 年正式出版了《武術散手競賽規則》。

與此同時，全國各省市體委都舉辦了不同形式的武術散手競賽。特別是河南鄭州，自 1992 年開始至今已經連續舉辦了八屆國際武術節，也把散手列入競賽項目，吸引了全世界 67 個國家和地區的武術健兒會聚中原，並共同探討散手技術，為弘揚中華民族人體文化和促進世界和平起了推動作用。這項具有較大吸引力的運動，現已推廣到全世界，隨之而來的是散手技術也必將向更高的水準發展。

第二節　學習散手的三個階段

武術健兒們熱愛散手，特別是青少年朋友更愛好練習散手。現將學練散手的三個必經階段介紹於下，供初學者參考。

一、打好基礎階段

初學散手的運動員必須先練好自己的身體素質，如力量、速度、耐力、靈敏、柔韌等。還需要學習一些拳術套路和腿部功夫、腰部功夫、肩部功夫以及站樁，為學好散手攻防技能打下良好基礎。

除了練好身體素質外，還要學習散手的基本動作，如步法、拳法、身法、腿法、摔法、跌法等。要掌握每個單項動作的要領，提高單個動作的實效性，可借助輔助器械提高擊打力量和承受能力，掌握對抗戰術的基本原則和要害部位的防護技術，為連招學習準備成熟的條件。

此外，要重視培養堅強的意志，樹立頑強的拼搏精神，不斷提高心理素質。

二、學習連招技擊階段

在提高專項素質和掌握基礎動作的前提下，可轉入全面學習連招技能動作階段。從實踐上、理論上掌握各種單招組合的規律也是十分重要。應探討其速度、距離、著力點等特點，提高連招組合的攻防能力，進一步完善單個動作和連招攻

防動作，逐漸養成自己獨有的戰術風格。要積極參加實戰，善於總結成敗經驗和教訓，找出自己的缺點和薄弱環節，有重點地加強訓練。

此階段的集體練習要和個人練習密切結合，單人練習要與規定條件的實踐練習交叉進行，有針對性地培養處理突發事件的能力，促進積極思維，不斷改進和創新技擊技術。

三、形成獨特絕招的階段

教練員應根據上述第一、二階段中每名運動員的體質和已掌握的技擊水準，並根據個人的特長，制定不同運動員的學習內容和發展方向。可找出運動員在實戰中的不足之處和薄弱環節，制定出新的訓練內容及方法，以迅速糾正和彌補。同時，對具有優勢的特長方面要引導繼續發揚，設法使每名運動員都有一兩個絕招，以利在實戰中和競賽中以優勢去奪取勝利。即使對較差的運動員，也要千方百計地培養他們有一技之長。

總之，要使他們發展成為有個性、有奇招的運動員，並不斷提高每個人的技擊水準。

第三節　散手的訓練形式及方法

一、散手的訓練形式

散手訓練的形式有集體、分組、個別和自我四種。

(一)集體訓練

集體訓練是在教練員的指導下，進行集體訓練。此形式主要適用於初學者或傳授動作的學習階段。集體訓練的優點是便於維持紀律、講解示範、節省時間，還可以有目的地控制運動量的大小和糾正共性的偏差。

集體訓練時，要求教練員講解簡明，示範正確，領做、指揮的位置恰當，口令清楚準確。

(二)分組訓練

分組訓練是教練員根據運動員的不同體質、不同技術水準和不同的任務，把他們分成若干組分別進行訓練。

其優點是可對集體訓練的內容進行調節和深

化，發揮骨幹的作用，樹立能者為師、互幫互教、互相監督的優良學風，還有利於教練員區別對待，糾正動作細節。

教練員在進行分組訓練時，佈置任務要具體、恰當，提出要求要明確，從訓練的次數到動作的重點都要交代清楚。

教練員還可以根據訓練情況隨時集中講解某些動作的技術要點，糾正存在的共性偏差，必要時進行示範或表演，給以特殊的輔導，達到高效教學的目的。

(三) 個別訓練

教練員可針對上述兩種形式訓練的結果，對全體運動員的技術進行綜合分析，對有明顯特長者或技術特別差者進行個別訓練，實際上是個別陪練，手把手地教他們提高技術或糾正動作錯誤。

個別訓練的另一種形式叫餵手（陪練）。教練員為運動員設置或創造一定的難度條件，讓他們反覆經受難度條件的刺激，促使他們刻苦訓練、努力拼搏，逐漸適應在特定時間、特定條件下出招的方位、速度及力點等。

　　總之，個別訓練時，教練員要根據運動員的實際情況和訓練的重點，根據不同的訓練階段及個人體質的差異，在訓練強度、密度和總負荷上科學安排訓練內容及時間，收到使個別運動員掌握特殊技術的效果。

(四) 自我訓練

　　運動員在課內或課外自己進行散手技術訓練稱做自我訓練。自我訓練的方法可以是對鏡演練；可以結合電教，專門看有關散手技擊方面的錄影帶，然後再自我模仿演練；還可以借助於輔助器械，就動作的力度、強度、準確度進行練習。其內容的選擇、演練時間的長短，均由自己控制。重要的是自我訓練能培養獨立思考的能力，樹立吃苦耐勞、敢於拼搏的信心和鬥志，促使運動員有勇氣去自我提高、自我創造，直到取得最佳成績。

二、散手的訓練方法

　　散手訓練方法有四：一是加難訓練法，二是模擬訓練法，三是對抗訓練法，四是思維訓練法。

(一) 加難訓練法

增加訓練技術難度、逐漸提高運動員運動負荷的訓練方法稱加難訓練法。此法對於提高運動員的技擊技術和培養實戰所需要的體力、耐力及心理素質均有重要意義。

1. 從技術要求上增加難度

如直拳，先要求掌握直拳出擊及返回的路線，再要求掌握出拳的速度、準確度和力度等，達到所要求的規格後再進行打直拳的反應練習，這樣既利於把握直拳在實戰中應用的種種先決條件，又可以發揮防守反擊沖拳和配合其他動作交叉運用直拳的作用，使直拳在實戰中得到靈活運用。

2. 從運動負荷上增加強度

增加運動員訓練負荷強度的要點是逐步增加，使量的變化適當。可以增加訓練次數，也可以增加訓練時間。

從動作強度上遞增，包括力量由小到大再到全力、速度由慢到快再到最快、動作幅度由小到大、攻擊部位由低到高，還可以與有關素質練習相結合，起到提高專項技擊能力的作用。

從訓練密度上遞增，主要是縮短訓練間隔的時間。為了增加訓練負荷，還可以增加訓練器械的數量（如吊沙袋、吊石擔等）和在附加條件上增加難度（如負沙袋、錫瓦和戴口罩、面罩、護具等）進行練習。在阻抗能力訓練中增加重量、硬度，在靈巧訓練中增加障礙物和附加條件等，也可以收到增加訓練負荷的效果。

(二) 模擬訓練法

根據散手實戰訓練的需要，創造與實戰相似的環境、條件進行訓練的方法稱模擬訓練法。其目的是讓運動員在技術、素質、心理等多方面得到鍛鍊，以逐漸適應散手的實戰對抗。模擬訓練方法很多，這裏僅介紹模擬對手、模擬環境二法，供教練員參考。

1. 模擬對手

教練員選擇技術全面的對手是實戰訓練的第一要素。在模擬進攻型的對手時，要指導對手主攻搶打、先發制人，讓習練者採用相應的打法應變還擊，培養習練者借勢打勢、借力發力、避其鋒芒、擊其要害的實戰能力。

模擬防守型的對手時，指導習練者確立明確

的戰術思想，練習主動搶攻、強攻硬打的絕招。遇高個兒對手時宜採用左右閃躲、上掠下取、貼身靠摔之法。遇矮個兒選手時宜採用後發阻截、快打快撤之法。

教練員也可親自模擬不同的對手，以培養習練者針對不同物件採取不同戰略戰術之能力。

2.模擬環境

模擬特定的環境，並多次重複訓練，是增強實戰能力和積累實戰經驗的保障。橫擬各種環境，能使運動員獲得各方面的實戰經驗，促進各種心理障礙的排除，使運動員的身心和技術都能適應實戰對抗的要求。

(三)對抗訓練法

對抗訓練可以使運動員學到的技術有機會得到實踐，提高其戰術運用能力，培養其逐漸養成勇於參與實戰的主動意識，並從實戰中取得成功和失敗的經驗教訓。

1.規定條件的對抗訓練

教練員根據運動員的技術水準、體質差異和各階段訓練任務的需要，可採用限制對抗條件的方法，使運動員在特定的環境條件下鍛鍊實戰能

力，如限制進攻或防守動作的對抗、限制進攻次數的對抗、限制擊打力量的對抗和限制擊打部位的對抗等，都屬於規定條件。

由於各種規定條件的側重面不同，各種實戰的訓練效果亦不同。為了提高運動員的實戰水準，可在競賽規則的基礎上，附加一些新的規定，並逐漸加大難度。

在實戰對抗訓練中，教練員要認真指揮，詳細觀察，發現問題立即解決，保證訓練工作順利、安全地進行。

2.實戰訓練

即不戴任何護具和不加任何附加條件的真打實戰練習。在實戰訓練中，為了使運動員學到真正的本領，從練單招、連招再到綜合運用，全都不戴護具，讓雙方之間真打實練。

為了提高運動員的實戰能力，可採用「坐莊輪戰」訓練法，以提高運動員的求勝欲。也可為練習者選擇強手作為對手，加大實戰難度，培養運動員苦練、拼搏、勇敢、頑強的品質。

(四)思維訓練法

在散手訓練中，對運動員從思想上進行訓練

的方法稱為思維訓練法。思維訓練重在啟發、開導，主攻心理。

可用各種形式加深運動員對某一訓練環節的印象，透過誘因，使印象轉為重視，再由重視轉為行為或動力，這就達到了思維訓練的目的。還可以借助於講解、示範、圖片、關鍵性語言、電影、電視、小說等場面去啟發和誘導運動員的思維活動，也可想像和假設實戰練習，增強對運動員的心理訓練，促進其散手實戰技擊水準的提高。

第四節　散手的體能訓練

散手的體能訓練包括耐力訓練、力量訓練、速度訓練、靈敏訓練、柔韌性訓練、距離感訓練、眼法訓練和氣息調節訓練。

一、耐力訓練

散手的耐力是指肌體堅持長時間運動的能力。耐力分一般耐力和專項耐力。

1.一般耐力訓練

可組織運動員進行長距離跑、變速跑、折返

跑、反覆跑、領先跑、快速衝刺、爬山、長時間
遊戲、打籃球、踢足球、跳繩等，這些運動都是
訓練一般耐力的有效方法。

2.專項耐力訓練

讓運動員對專項動作進行快速重複訓練，或
進行實戰對抗性訓練、坐莊輪戰訓練，或持啞鈴
舉降練手、穿負重鞋練腿、舉槓鈴多次重複練力
量，或長時間矮步和高抬腿走、跨、跳等，都屬
於散手的專項耐力練法。

注意：應在練好一般耐力的基礎上，再轉入
專項耐力訓練。

二、力量訓練

力量訓練是指身體某部的用力或對抗阻力的
訓練。

1.基本力量訓練

(1)上肢力量訓練

徒手：俯臥撐、靠牆推手、靠牆倒立、空
鼎、撲地蹦、蛙撲跳等。

借助器械：引體向上、雙臂屈撐、實心球、

少林
武術基本功

抓槓鈴等。

傳統方法：抓腕推手、纏腕、拉臂、頂臂、石擔、石鎖、抖大竿、圓棒纏重物、沙袋等。

(2)下肢力量訓練

徒手：蹲跳、縱跳、立定跳遠、蛙跳、多級跳、高抬腿跑、後蹬跑等。

借助器械：重槓鈴深蹲、半蹲跳、中等重量槓鈴弓箭步走、輕槓鈴彈性跳、小跑步、跳繩等。

傳統方法：各種樁功、矮步走、跪步跑、跳坑、負錫瓦、穿沙衣等。

(3)腰、脊背力量訓練

徒手：元寶收腹、仰臥起坐、立臥撐等。

借助器械：肋木懸垂收腹舉腿、投擲各種實心球等。

傳統方法：滑大竿、鐵牛耕地、烏龍盤打、翻腰、擰腰、雙臂劈打等。

2.擊打和承受力量訓練

徒手：各種拳法、腿法、摔法。

借助器械：打沙袋、吊袋、踢樁、排打、砸磚、推磚、插沙等。

三、速度訓練

速度在散手技法中是十分重要的。實戰中的「先發制人」和「打人不見手」等都是指速度要快，快了還要再快，越快越好。這裏介紹一般速度、專項速度和反應速度三種訓練方法。

1.一般速度訓練

(1)加速能力訓練

讓運動員常練各種距離的衝刺跑和下坡跑，如 20 公尺、30 公尺、50 公尺、60 公尺等，並練習各種節奏的加速跑。

(2)絕對速度訓練

可變換練 20～100 公尺的定時跑、各種接力跑及短距離變速跑。

(3)速度耐力訓練

練中短距離的重複跑或間隔跑，如 100 公尺、150 公尺、200 公尺跑等。

2.專項速度訓練

(1)短衝訓練

如實戰中的打直拳，屬於單招的短衝，要求

速度快、把位準，要求快速有效地打擊對方要害。必要時也可組合 2～5 個單招快速來回衝擊。

(2) 循環訓練

這是一種結合實戰進行專項訓練的方法。讓一人練，一人陪練，交替循環進行。

(3) 助力訓練

教練員或陪練者用手或器械變換擊打練習者身體各部位，培養練習者的快速應變能力。

3. 反應速度訓練

隨號令（包括聲響和手勢），練各種眼法、步法、拳法及身法。

四、靈敏訓練

靈敏是指人體在短時間內的變換能力和反應能力。透過靈敏訓練，可以增強人體各感官的功能，促進各項身體素質的發展。其訓練方法包括靜物閃躲、動物閃躲、多吊袋擺蕩閃身、打梨狀球、揮繩起跳和躲閃壘球等。

1. 靜物閃躲練法

把木人或其他物體當做假想敵固定在訓練場

內，練習者在其周圍做左閃、右閃、後閃和回蹲閃練習。

2.動物閃躲練法

讓陪練者出拳腳進攻，練習者做各種閃躲練習。

3.多吊袋擺蕩閃身練法

在訓練處設多種吊袋，讓陪練者拉動吊袋，使多種吊袋同時擺蕩，練習者接近吊袋，做各種閃躲動作。

4.打梨狀球練法

這是練動作協調和敏捷，同時練出拳的速度。

5.揮繩起跳練法

讓練習者身體下蹲，手握繩向左揮動，然後雙腳躍過繩子。擺動的速度要逐漸加快。

6.閃躲壘球練法

教練員或陪練者用壘球對準練習者身體投

擲，練習者閃躲壘球。

五、柔韌性訓練

柔韌性是指人體關節的活動幅度和肌肉韌帶的伸展程度。柔韌性的優劣，不僅直接影響散手實戰技能的高低，而且與練功中所發生的種種損傷也有密切關係。

1.肩部柔韌性訓練

(1)**壓肩**：採用俯壓和側壓法練習。

(2)**拉肩**：練交叉反手上舉拉肩、弓身拉肩和倒立拉肩等。

(3)**轉肩**：練雙臂繞環、交叉臂繞環、雙人翻轉肩等。

(4)**吊肩**：採用單、雙槓的正、反吊肩法。

2.腿部柔韌性訓練

(1)**扳腿**：分別採用前扳、後扳和側扳。

(2)**壓腿**：練前壓、側壓、仆步壓、劈叉、盤腿壓等。

(3)**控腿**：練前控、側控和後控。

(4)**踢腿**：練前腿、側踢、裏合和外擺。

（5）屈伸腿：練彈腿、蹬腿、勾踹腿、剪絞腿等。

（6）掃腿：練前掃腿和後掃腿。

3.腰部柔韌性訓練

可分別進行甩腰、吊腰、旋腰、彈腰、翻腰等動作訓練。

4.踝部柔韌性訓練

可扶肋木做各種踝關節運動。

5.腕部柔韌性訓練

採用扳壓、彈壓等腕部運動訓練。

六、距離感訓練

在散手實戰中，對對方距離自己遠近的尺度判斷，就是距離感。為提高散手實戰技能，必須培養運動員的正確距離感，因為良好的距離感直接關係著比賽的勝敗。

散手運動員的正確距離感，取決於自身中樞神經系統的靈敏性和視覺的判斷力，當然與招法的嫻熟及戰術的運用也有密切聯繫。

在實戰中距對方遠近不同，應採用不同的進攻方式。中距離用腿法方能擊中，近距離宜用拳腳或摔法。遠距離時比較安全，但要取勝，必須快速進攻，要快速接近對手、快出招。近距離時，要抓住有利時機主動進攻，也可主動後撤誘敵出手，以後發制人。

1. 雙方控制距離訓練

教練員安排兩名練習者，一人練主動進攻，一人練被動防守，令二練習者在始終保持規定距離的情況下練習各種步法並施招。

2. 招法訓練

招法訓練要有陪練，即一人進攻，一人陪練。由陪練者控制距離，練習者在一定的距離內反覆出招，並且要擊中指定部位，反覆演練近、中、遠距離的出擊招法。

3. 定點擊吊袋訓練

在一支架上固定吊袋，練習者測量出近、中、遠距離，然後撤退至一定距離，用快速進攻步法出招擊打不同距離之吊袋。

七、眼法訓練

1.眼的視覺

武諺說：「眼為人之探」，「拳技以眼為尊」。散手實戰經驗證明：常勝者多以一雙銳利的眼睛探情、審勢，或主動進擊或後發制人而取勝。眼睛的視覺包括定點視覺、周圍視覺和感應視覺三種。

(1) 定點視覺

指視線集中在某一點上，專注定神，不準眨眼。在實戰中，多把視點集中在對方的眼睛、肩部、拳掌及腿腳，以免自己遭擊。如攻擊對方，需把視點集中在對方的眼神及薄弱環節。眼神在實戰中的用法，也可與虛實、明暗法相結合。如視對方之上，而實攻其下；視對方之左，而實攻其右。此聲東擊西之法，都以視力為誘導。

總體上說，定點視覺要求注視對方發招的部位，要求做到注不眨眼、中不移視，這就需要進行專門的訓練。

(2) 周圍視覺

周圍視覺是指用定點視覺的餘光，洞察較大

的範圍。在散手實戰中，要用周圍視覺洞察對方上、中、下三路，特別是觀察其下肢步法的移動，因為步是進攻的先兆。

對方上步，必有進攻的意圖；對方退步，又要防其引誘的意圖。周圍視覺除用於洞察對方侵犯之外，還要尋找其空檔，得機則進攻，攻則無不勝。

(3) 感應視覺

感應視覺主要指耳聽到的各種聲響。俗語說：「眼觀六路、耳聽八方。」這句古諺說明眼的視力要比耳的聽覺範圍小。因此，練眼還得練耳，眼耳配合視辨力宏。耳根據所聽之聲音可以辨明對方之來向，根據其聲音之大小還可辨明其來力大小，這都是耳之威力。

另外，肌肉的敏感性也屬感應視覺的一個方面。它以表體的感知而提供各種情況，為必要的預防做準備。

2.眼力的訓練

(1) 定視訓練

①看點練習：在牆上或吊袋上標一明顯的記號，讓練習者每天專注一定的時間，直到把小點

兒看成大點兒為止。距離可由近到遠，點可由大
到小，天長日久，便能一睹即晰。

②看針孔練習：在一木椿上插一根針，讓練
習者先看針，後看其孔，久視不輟，最後不僅可
以看清針與針孔，而且可以透過針孔見景物。

（2）移視訓練

①看吊錢練法：一線墜一小幣，撥動小幣使
其搖動，眼視小幣，要快要準。

②看飛錢練法：取一幣由一處投向另一處，
要知道是小是大，並看出是正面還是反面，或是
正在翻滾前進。

③彩棒練習：一彩棒有紅、黃、藍、白、黑
各色，教練員揮棒上下、左右、前後移動，突然
停住，要練習者馬上說出彩棒正面兩側的顏色。

（3）眼眸的轉動訓練

練習者可面對牆壁，牆上左右上下都刻有特
殊的記號，讓練習者頭部不動，眼眸先平視看前
面的記號，然後上下左右看牆上的記號，使眼眸
轉動自如。久則眼眸自然靈活敏銳，利於實戰。

（4）實戰眼力的訓練

①教練員用手向練習者臉上繞轉或揮拭，練
習者臉不能動，也不能眨眼。

②教練員向運動員臉部出拳，接近而不觸及皮肉，練習者頭不偏，眼不眨。

③轉擊面部練習：一人輕擊另一人臉部，被擊者頭不動，眼不眨，不緊張。

八、氣息調節訓練

氣息調節指實戰中呼吸的運用。在實戰中，運動員要以緊身沉氣為主，使膈肌下降，氣在小腹。跳起做攻擊動作時要提氣，在進攻發力的一瞬間要聚氣、含胸拔背、實腹裹臀，使氣穩定。在猛烈地發招時，要發聲，如嗨、噫、啊，這是內外合一、以氣催力的協調發力形式。

另外，長身時的攻防則吸氣，短身時的攻防則呼氣，攻擊招法前要聚氣，擊打時要呼氣。

總之，要使攻防格鬥靈活多變，則必須善於用氣，善於協調氣息。故應重視對運動員運氣用氣的培養，以達到更高的境界。

大展出版社有限公司
品冠文化出版社

圖書目錄

地址：台北市北投區（石牌）　　　電話：(02) 28236031
　　　致遠一路二段 12 巷 1 號　　　　　　　 28236033
郵撥：01669551＜大展＞　　　　　　　　　 28233123
　　　19346241＜品冠＞　　　　　傳真：(02) 28272069

・熱 門 新 知・ 品冠編號 67

1.	圖解基因與 DNA	（精）	中原英臣主編	230 元
2.	圖解人體的神奇	（精）	米山公啟主編	230 元
3.	圖解腦與心的構造	（精）	永田和哉主編	230 元
4.	圖解科學的神奇	（精）	鳥海光弘主編	230 元
5.	圖解數學的神奇	（精）	柳谷晃著	250 元
6.	圖解基因操作	（精）	海老原充主編	230 元
7.	圖解後基因組	（精）	才園哲人著	230 元
8.	圖解再生醫療的構造與未來		才園哲人著	230 元
9.	圖解保護身體的免疫構造		才園哲人著	230 元
10.	90 分鐘了解尖端技術的結構		志村幸雄著	280 元

・名 人 選 輯・ 品冠編號 671

1.	佛洛伊德	傅陽主編	200 元

・圍 棋 輕 鬆 學・ 品冠編號 68

1.	圍棋六日通	李曉佳編著	160 元
2.	布局的對策	吳玉林等編著	250 元
3.	定石的運用	吳玉林等編著	280 元

・象 棋 輕 鬆 學・ 品冠編號 69

1.	象棋開局精要	方長勤審校	280 元

・生 活 廣 場・ 品冠編號 61

1.	366 天誕生星	李芳黛譯	280 元
2.	366 天誕生花與誕生石	李芳黛譯	280 元
3.	科學命相	淺野八郎著	220 元
4.	已知的他界科學	陳蒼杰譯	220 元
5.	開拓未來的他界科學	陳蒼杰譯	220 元
6.	世紀末變態心理犯罪檔案	沈永嘉譯	240 元

·常見病藥膳調養叢書· 品冠編號 631

1.	脂肪肝四季飲食	蕭守貴著	200 元
2.	高血壓四季飲食	秦玖剛著	200 元
3.	慢性腎炎四季飲食	魏從強著	200 元
4.	高脂血症四季飲食	薛輝著	200 元
5.	慢性胃炎四季飲食	馬秉祥著	200 元
6.	糖尿病四季飲食	王耀獻著	200 元
7.	癌症四季飲食	李忠著	200 元
8.	痛風四季飲食	魯焰主編	200 元
9.	肝炎四季飲食	王虹等著	200 元
10.	肥胖症四季飲食	李偉等著	200 元
11.	膽囊炎、膽石症四季飲食	謝春娥著	200 元

·彩色圖解保健· 品冠編號 64

1.	瘦身	主婦之友社	300 元
2.	腰痛	主婦之友社	300 元
3.	肩膀痠痛	主婦之友社	300 元
4.	腰、膝、腳的疼痛	主婦之友社	300 元
5.	壓力、精神疲勞	主婦之友社	300 元
6.	眼睛疲勞、視力減退	主婦之友社	300 元

·休閒保健叢書· 品冠編號 641

1.	瘦身保健按摩術	聞慶漢主編	200 元
2.	顏面美容保健按摩術	聞慶漢主編	200 元

·心 想 事 成· 品冠編號 65

1.	魔法愛情點心	結城莫拉著	120 元
2.	可愛手工飾品	結城莫拉著	120 元
3.	可愛打扮 & 髮型	結城莫拉著	120 元
4.	撲克牌算命	結城莫拉著	120 元

·少 年 偵 探· 品冠編號 66

1.	怪盜二十面相	（精）	江戶川亂步著	特價 189 元
2.	少年偵探團	（精）	江戶川亂步著	特價 189 元
3.	妖怪博士	（精）	江戶川亂步著	特價 189 元
4.	大金塊	（精）	江戶川亂步著	特價 230 元
5.	青銅魔人	（精）	江戶川亂步著	特價 230 元
6.	地底魔術王	（精）	江戶川亂步著	特價 230 元
7.	透明怪人	（精）	江戶川亂步著	特價 230 元

·武 術 特 輯· 大展編號 10

·彩色圖解太極武術· 大展編號 102

·國際武術競賽套路· 大展編號 103

1. 長拳 .... 李巧玲執筆 220 元
2. 劍術 .... 程慧琨執筆 220 元
3. 刀術 .... 劉同為執筆 220 元
4. 槍術 .... 張躍寧執筆 220 元
5. 棍術 .... 殷玉柱執筆 220 元

·簡化太極拳· 大展編號 104

1. 陳式太極拳十三式 .... 陳正雷編著 200 元
2. 楊式太極拳十三式 .... 楊振鐸編著 200 元
3. 吳式太極拳十三式 .... 李秉慈編著 200 元
4. 武式太極拳十三式 .... 喬松茂編著 200 元
5. 孫式太極拳十三式 .... 孫劍雲編著 200 元
6. 趙堡太極拳十三式 .... 王海洲編著 200 元

·導引養生功· 大展編號 105

1. 疏筋壯骨功＋VCD .... 張廣德著 350 元
2. 導引保建功＋VCD .... 張廣德著 350 元
3. 頤身九段錦＋VCD .... 張廣德著 350 元
4. 九九還童功＋VCD .... 張廣德著 350 元
5. 舒心平血功＋VCD .... 張廣德著 350 元
6. 益氣養肺功＋VCD .... 張廣德著 350 元
7. 養生太極扇＋VCD .... 張廣德著 350 元
8. 養生太極棒＋VCD .... 張廣德著 350 元
9. 導引養生形體詩韻＋VCD ...... 張廣德著 350 元
10. 四十九式經絡動功＋VCD ...... 張廣德著 350 元

·中國當代太極拳名家名著· 大展編號 106

1. 李德印太極拳規範教程 .... 李德印著 550 元
2. 王培生吳式太極拳詮真 .... 王培生著 500 元
3. 喬松茂武式太極拳詮真 .... 喬松茂著 450 元
4. 孫劍雲孫式太極拳詮真 .... 孫劍雲著 350 元
5. 王海洲趙堡太極拳詮真 .... 王海洲著 500 元
6. 鄭琛太極拳道詮真 .... 鄭琛著 450 元
7. 沈壽太極拳文集 .... 沈壽著 630 元

·古代健身功法· 大展編號 107

1. 練功十八法 　　　　　　　蕭凌編著　200 元
2. 十段錦運動 　　　　　　　劉時榮編著　180 元
3. 二十八式長壽健身操 　　　劉時榮著　　180 元
4. 三十二式太極雙扇 　　　　劉時榮著　　160 元

·太極跤· 大展編號 108

1. 太極防身術 　　　　　　　郭慎著　　300 元
2. 擒拿術 　　　　　　　　　郭慎著　　280 元
3. 中國式摔角 　　　　　　　郭慎著　　350 元

·原地太極拳系列· 大展編號 11

1. 原地綜合太極拳 24 式 　　胡啟賢創編　220 元
2. 原地活步太極拳 42 式 　　胡啟賢創編　200 元
3. 原地簡化太極拳 24 式 　　胡啟賢創編　200 元
4. 原地太極拳 12 式 　　　　胡啟賢創編　200 元
5. 原地青少年太極拳 22 式 　胡啟賢創編　220 元

·名師出高徒· 大展編號 111

1. 武術基本功與基本動作 　　劉玉萍編著　200 元
2. 長拳入門與精進 　　　　　吳彬等著　　220 元
3. 劍術刀術入門與精進 　　　楊柏龍等著　220 元
4. 棍術、槍術入門與精進 　　邱丕相編著　220 元
5. 南拳入門與精進 　　　　　朱瑞琪編著　220 元
6. 散手入門與精進 　　　　　張山等著　　220 元
7. 太極拳入門與精進 　　　　李德印編著　280 元
8. 太極推手入門與精進 　　　田金龍編著　220 元

·實用武術技擊· 大展編號 112

1. 實用自衛拳法 　　　　　　溫佐惠著　　250 元
2. 搏擊術精選 　　　　　　　陳清山等著　220 元
3. 秘傳防身絕技 　　　　　　程崑彬著　　230 元
4. 振藩截拳道入門 　　　　　陳琦平著　　220 元
5. 實用擒拿法 　　　　　　　韓建中著　　220 元
6. 擒拿反擒拿 88 法 　　　　韓建中著　　250 元
7. 武當秘門技擊術入門篇 　　高翔著　　　250 元
8. 武當秘門技擊術絕技篇 　　高翔著　　　250 元
9. 太極拳實用技擊法 　　　　武世俊著　　220 元
10. 奪凶器基本技法 　　　　　韓建中著　　220 元

國家圖書館出版品預行編目資料

少林武術基本功／徐勤燕　釋德虔　編著
——初版，——臺北市，大展，2006〔民95〕
面；21公分，——（少林功夫；18）
ISBN　978-957-468-495-3（平裝）

1.武術—中國
528.97　　　　　　　　　　　　　95016606

少林武術基本功

ISBN 13 碼：978-957-468-495-3
10 碼：957-468-495-4

編　　著／徐勤燕　釋德虔
責任編輯／范孫操
發 行 人／蔡森明
出 版 者／大展出版社有限公司
社　　址／台北市北投區（石牌）致遠一路2段12巷1號
電　　話／（02）28236031・28236033・28233123
傳　　眞／（02）28272069
郵政劃撥／01669551
網　　址／www.dah-jaan.com.tw
E - mail ／service@dah-jaan.com.tw
登 記 證／局版臺業字第2171號
承 印 者／國順文具印刷行
裝　　訂／建鑫印刷裝訂有限公司
排 版 者／弘益電腦排版有限公司
授 權 者／北京人民體育出版社
初版1刷／2006年（民95年）11月

定　價／200元

大展好書　好書大展
品嘗好書　冠群可期

大展好書　好書大展
品嘗好書　冠群可期